華志文化

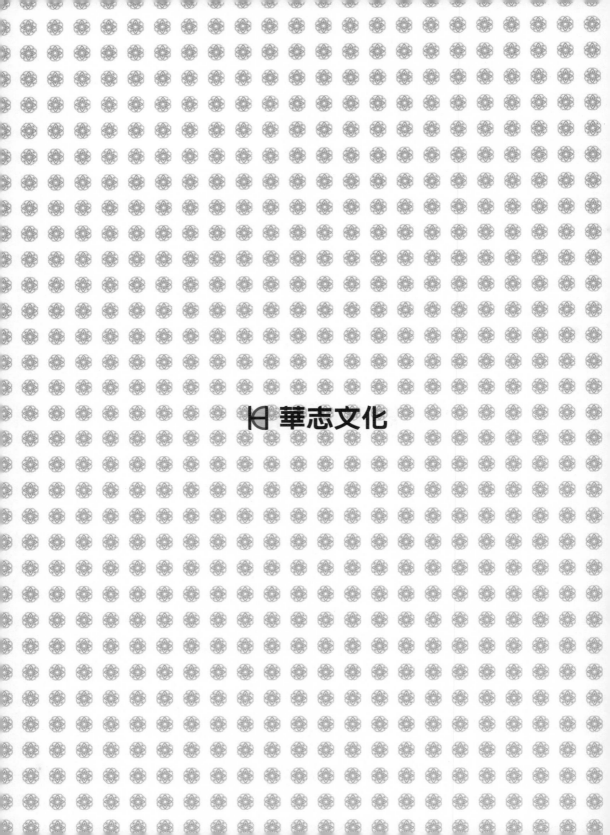

華志文化

人生三談

遐思後的隨談

　　「人生之談」源於「人生之思」，正如人生之思出自人生之體驗，「思」及其後的「談」往往出自體驗時產生的疑問。思有很多方式，誠如海德格爾所說，「我們應該放棄任何直接理解的要求」而確定一種「思」，這種「思」不提供「實用智慧」或「幸福生活指南」，而關注人生「閒暇」中的「驚奇」。這是人生道路上的遐思，可能基於某種具體的生活體驗，可能關乎長遠的生活展望，它與生活水乳交融，乃是「作為哲學的思」。人們不僅要表達智慧，還應該傾聽他者的智慧，這種智慧存在於「言說」的過程中，自由的精神在話語中開放，沉默的世界被人們遺忘或忽視，未經陳述的思辨進入未知世界，蘇格拉底在「言說」的過程中確認智慧的力量。

　　但應該有一種「言說」而且事實上已經存在，就是對生活的「隨談」。「談」有其產生的歷史，「談」延伸自古及今的「陳述」，「陳述」為「知識」所生產，為「權利」所運作，沒有「知識—權利」的聲音、符號或痕跡，「陳述」乃是不可想像的。「隨談」反映了這種看似簡單實則豐富的人生內涵，似乎是隨意的，卻也符合自然的文化意境。

　　本書對隨談所作的努力已踰越研究範疇，很多文字可能與哲學有關，但更多的來自生活世界所見所聞所感，以事實或哲理的方式呈現出來。本書的很多「言說」與久經人生滄桑的智者比較起來，或許還缺乏必要的厚重，更不能提供生活財富資源的見解，但這種

隨談是自然的，可呈現某種「思」。由於有這種「思」，筆者不憚露怯，將之呈現給讀者，希望提供微小的啟發，而我將進一步體驗生活的真實，使今後的隨談與遐思逐漸厚重起來。

本書收錄的文章有些在我的部落格上呈現過，其內容以課堂資訊與相關論文為主，間或也有一些體會和心得，這些心得此前曾有部分或完整或片段地發表於報刊，也有一些是新近的思考。過去的思考可能已不再是新近的思考，或如很多人所言，曾經關注的很多問題如今已經走出其研究視野了，但過去的思考畢竟是新近思考的廣義鋪墊，即如我們不能忘記自己的歷史及其標誌性的存在，應該在新近的思考中顧及以往的思考，以達成思考的貫穿。

在此感謝引領我走上「思」之路的陸傑榮教授，他的為人處世、求知授課及生活藝術令我受益頗多，本書序言是他多年前對我文思的鼓勵。對當時不成熟的文字以及不知深淺、倉促而成的小冊子，先生亦曾鼓勵，對做人、做事與境界提供的啟示已超越文字的意義。這種深遠的鼓勵使我獲得前行的力量，也印證了教育延伸的久遠的文化價值，求知之路「漫漫而修遠兮」，「思」的事情不可能一蹴而就，都要「笨想」而「慢慢來」，及至我開始從事教學與研究之後，意識到鼓勵較之批評有更重要的意義。

做人、做事與境界

　　從文化累積的角度而言，書無非具有或兼有三種功能，即或明物，或知理，或識人。「明物」即為掌握物之本質，考慮如何挖掘物所蘊涵的自然能量，使之為人類服務。所謂「知理」，就是對道理的知曉。世上所存在的不僅是可見之對象，還有關於對象的道理，道雖無形卻又能體認與認知，因此讀書也可明理。從境界的層面上看，無論「明物」或是「知理」，都是為了「識人」。「識人」就是懂得做人，明白如何學著成人。「識人」是分辨，指清楚什麼是為人之道，做人之本，也就是從根基上識認人之為人的依據。對人生的態度與力量、求索與跋涉、文化與領悟的探討，從正面意義來說，探求理所當然地包括上述相關的內容。我認為，臧峰宇教授所著的這本書大致達到了這個目的。

　　本書題旨為「人生」，以求從人生的體悟之中發掘出對人生的多重思考，這是全書的綱領所在。在文化的意義上，書的真正意蘊是讓人領悟到人生的靈性智慧，體會到對人生的靈活思考，知曉對人生的意義把握。態度與力量、求索與跋涉、文化與領悟，是構成本書人生思考邏輯中不可分割、同時又是依次遞進的幾個環節。

　　這樣幾個環節最終關涉的實則做人、做事與境界的問題。做人或許是立於人生思考中最具衝突力的問題，做人意味著人出生之後未必成為「人」，他只是有了以後將可能成為人的某種潛能。而制約他成人的一個根本性條件就是他如何選擇做人的方向，確認做人的價值，理解做人的意義。人無論在哪個發展階段上，都存在著

如何做人？怎樣做人？為什麼這樣做人的問題？而且正是這些問題構成了人生哲學乃至人生智慧的思考內容。做事實質上是做人的延伸，因為做人如果不是空泛的，就必須透過做事展現出來。做人是在做事之中不斷實現的。做人首先要做事，沒有所做的事，也就無法談及怎樣做人。做人與做事都貴在自知，即不僅要知道自己的優越所在，也能了解自己的限度範圍，並在此過程中認識、把握和創造自己，在自知的前提下才能使做人達到一定程度，使做事有一定步驟，從而確認做人與做事所追求的某種理念。倘若暫時拋開世俗意義上的觀念束縛，做人與做事或許從特定角度說來乃是為了達到某種境界。

無論是做人還是做事，抑或探求某種情懷或境界，談的都是人生的智慧。做人涉及道理，做事涉及技巧。前者可以稱為大智慧，後者則為小智慧。一個人不僅要懂得一番道理，而且還能知曉如何做好一件具體的事情。同時，能夠具有超然的視野和詩意的存在情態，繼而感受到人生的真諦。本書的意圖以及所作的全部努力都為了達成此目的。在我看來，作者的初衷在本書中已經達到了盡情充分的發揮。

也正是為了這一點，特撰短序以推薦之。

（本文作者陸傑榮為北京大學倫理文化研究中心教授、
遼寧大學副校長）

目 錄 Contents

第一部
態度與方式

第二部
成長與力量

第三部
文化與感悟

第一部

態度與方式

如果我們能深入自己的意識內層，去開發那些供給身體力量的泉源，便會發現，這種泉源取之不盡，用之不竭。所以，一個人一旦能對內在的力量加以有效的運用，他的生命便永遠不會陷於卑微貧困的境地。

創造藝術的生活方式

「好好活著」，這是令很多人度過艱難時期的心理慰藉；藝術地活著，為平淡的人生提出了審美要求，它並非藝術家的專利，每個人對人生的意境都會有獨特的感受，可能質樸如農家的一株麥穗，可能時尚如都市的一款香車，也可能高貴如象牙塔頂的一顆明珠。

當然，藝術家對人生的理解可能有更明顯的藝術韻味，每個人也有可能對藝術做最「傑出」的表達，藝術生活存在於平凡人中間，而非刻意營造的空間裡，傳播因此產生交流的意義。

歌德說：「人是一個整體，一個多方面內在聯繫著的能力統一體。藝術必須向人的整體說話，必須適應人的豐富的統一，單一的複雜。」豐富的人生閱歷在意境層面可以得到綜合的表達，即使純粹的體驗也可以在生活中找到「複雜」的結合，作為「整體」的存在，人的情感與渴望是共通的，之所以在生活中找到不同的位置，在於不同的追求和機遇造就了不同的人生。明星經歷著觀眾夢想的輝煌，明星期望著觀眾擁有的簡單，大家在生命的交流中平視彼此，找到人生追求的蹤影。交流並不複雜，它是藝術的真誠對話，這種真誠源於我們內心的無限嚮往，藝術地生活，是每個人應該發揚的權利。生活是豐富多彩的，需要藝術的調色盤不斷加以潤色。

對人生的回憶可以用藝術美化的方式減少遺憾，這種方式固然有整理與剪裁的意思，但更多的是確立思考的習慣。錢鍾書先生說：「生來是個人，終免不得做幾樁傻事錯事，吃不該吃的果實，

愛不值得愛的東西；但是心裡自有權衡，不肯顛倒是非，抹殺好壞來為自己辯護。他了解該做的事未必就是愛做的事。這種自我的分裂、知行的歧出，緊張時產生了悲劇，鬆散時變成了諷刺。」

當我們做過「傻事錯事」之後，固然感到遺憾，但沒必要用過去的錯誤折磨自己，只是提醒今後的生活「自有權衡」即可，我們不歡迎「悲劇」，也不願意接受「諷刺」，而要藝術地活著。觀眾在欣賞影視作品的時候，應自覺地沉思美國詩人艾略特所稱的《波士頓晚報》讀者：你們像一片成熟的玉米在風中搖晃，互相欣賞為了交流，我們應該呵護他人和自我的美感，看看別人手中的「果實」到底值不值得愛。

林語堂先生不惜以整本書的筆墨來探討「生活的藝術」，梁實秋的《雅舍小品》盡可能「天然去雕飾」，沈從文的《邊城》意境融會真實的生活詩行，人們沉浸其中，感受樸素與真實，領略朦朧與通暢，吟哦生命的歌謠。生活的藝術並非單調之音，她淳樸的抒情不失博大，邊歌唱邊擺渡，「不僅把自己集中在自己身上，還把全世界集中在自己身上」。如同詩人舒婷念誦的從冬到春的誓言：「國家啊／我是你簇新的理想／剛從神話的蛛網裡掙脫／我是你雪被下古蓮的胚芽／我是你掛著眼淚的笑渦／我是你新刷出的起跑線／是緋紅的黎明／正在噴薄。」從冬到春的誓言從未遠離我們，我們在交流中成長，在「黎明」的「噴薄」中呈現青春的勇氣和力量，格調之超然與踏實耐人尋味，而生活之真實正是在這樣的格調中成就的。

人不能承受情愛的匱乏，正如生命不可以長久無意義地漂流，
對體驗情愛深淺的人們，癡迷於豐富多彩的美妙瞬間。
一百個人對情愛會有一百種以上不同的理解，
但是維繫種種理解的注定是穿越世俗觀念的人生境界。
「真愛之路絕非坦途」，
人們對情愛的探求永遠「在路上」，
這條道路輝映美好溫暖的光環，每個路標都讓人激情澎湃。

彈奏眞愛的樂章

　　人不能承受情愛的匱乏，正如生命不可以長久無意義地漂流，對體驗情愛深淺的人們，癡迷於豐富多彩的美妙瞬間。在真實的生活中，一百個人對情愛會有一百種以上不同的理解，但總是無法超越世俗觀念的人生境界。情愛的境界無疑是在激情燃燒的座標上，讓人們將生活理解為幸福而激昂滌蕩的生命河流，如歌的歲月之所以浪漫，鸞鳳和鳴、百年好合、永結同心的情愛之所以令人神往，在於這種探求永遠「在路上」，輝映美好溫暖的光環，每個路標都讓人激情澎湃，當探求不再可能，情愛的意義漸漸淡漠。

　　有一個問題值得深思，如果情感生活有一個中心，那會是什麼？提出這個問題的時候，我們坐在頗有品味的茶館，碧螺春釀釀的氳氳飄散著沁人心脾的清新，這是一個思考超過猜測的話題，沉默了半分鐘之後，我提議大家把答案寫在紙條上。按照常規的思維方式，每個人都會有不同的答案。當紙條被打開的剎那，我們驚訝地發現，所有的答案都是一個字：愛。時空彷彿暫停了，這時，平時活潑而開朗的強森的眼角噙滿了淚水，淚水蘊涵著回憶中美好的情愫。我們要他講一個故事，強森點了點頭。

　　「我是妻子的第12任男朋友，我們曾同在一所大學讀書，當遇見她那一刻，我就明白了世上有一見鍾情。那時的她儼然一個快樂的小公主，幾乎不諳世事。我不打算太早地表白，怕打擾她平靜的生活。於是，默默關心照顧她，成了

我生活中重要的一部分。她的周圍不缺少男孩，男孩們熱情的玫瑰讓她的笑靨綻放，直至有一天，我發現她談戀愛了。這個發現對於我來說，不是一件美好的事情，至少我知道那個男孩不適合她，這個判斷不久被證實了。後來，她周圍的男孩走馬燈似的換，也就在那時，我學會了酗酒和抽菸。

　　在臨近畢業的一個寂靜黃昏，她在校園的湖邊散步，我跑了過去，看見她滿是淚痕的臉。她說打算一個人走走，我默默地跟著她。她止步，我也止步；她走，我就走。她問我一直跟著她幹什麼，我說：『想把四年的感覺告訴妳，如果妳不拒絕，再送妳一泓藍色港灣。』她回頭問我，為什麼四年從未提起過？我說愛一個人是把對方放在自己的心中，她終於明白，我這哪裡是在追，簡直是固執地等。於是，我們戀愛了。畢業後，我們被分配到同一個城市，由於不同的工作性質，兩個人幾乎一個月才能夠見上一面。後來，她患病住進醫院，診斷的結果是：右腎切除。為了方便照顧她，我換了一家公司工作，也就在那一年，我們登記結婚了。兩年之後，我們可愛的女兒降生了，我也考上了研究所，到外地學習，我們過著兩地分隔的生活，孩子靠她一個人照料，她辛苦地操持家庭……」

　　一直低頭講述的強森抬起頭，看見了周圍女孩眼中的淚和男孩心中不易察覺的痛。他們是幸運的，由曾經的荒蕪與坎坷漸漸領略如今的溫暖，追求讓生命豐富。據說文學的永恆主題是愛情，哲學的永恆主題是人，在做人的同時，我們還得擁有真正的愛情，否則，人生是不完整的。愛是無法解釋的也是無法抗拒的，正因為其無法抗拒，我們才不停地圓滿自己的生活。對那些視真愛為生命的

人來說，愛情不是衡量得失之後的選擇，一旦進入最佳的愛情狀態，只能有兩個結果，或者擁有，或者失去。因為那時我們都已經忘記了自己，像是面朝大海以感受春暖花開，又如置身於一泓藍色的港灣中，不停地旋轉。那是情感生活的中心，擁有著極強的磁場，吸引每個熱情活著的人。

　　人們對情愛的激昂體驗，是擺脫庸俗生活的證明，離開愛戀的情欲無疑是沉淪之舉。當速食愛情成為流行，生死相依、同甘共苦的情愛便實質地成為華美的樂章，但這種「神話般的漫遊」並不輕鬆。因為「真愛之路絕非坦途」，當情愛的花朵扭曲地開放，戀愛中的人們不再懂得珍惜，真愛平淡地似呼吸般不被重視，但我們不能不去表達情感的祕密：呼吸真愛，是我們活著的證明。

做新生活的開拓者

　　遠方是人們不熟悉的世界，人們對不熟悉的世界有所好奇，認為其孕育了超越目前生活的可能，於是遠足跋涉，以鴻鵠的眼界觀察遠方，在奮鬥中改變現狀。作家三毛寫道：「遠方有多遠，請你告訴我。」遠方是無止境的，當真正把足印踏在遠方的時候，你也成了遠方。

　　撒哈拉沙漠裡有個小村莊叫比塞爾，「棲居」在1.5平方公里的綠洲旁，從這裡走出沙漠需要三天三夜。但在西元1962年以前，全村的人都不知道遠方是什麼？其情形大概如同房龍描述的「無知的山谷」，「對山那邊的世界我們應該一無所知」，貧困籠罩。當英國學者肯萊文帶著指南針等工具為當地人指點迷津之後，比塞爾人靠北方那顆最亮的星的指引，到遠方探索致富之途。如今，比塞爾已成為撒哈拉沙漠的一顆明珠，每年有數以萬計的旅遊者觀光，並品讀著開拓者塑像上的文字：「新生活是從選定方向開始的。」

　　遠方並非遙不可及地存在，每一次跋涉都可能趨近遠方，生活周圍有很多開拓者。比如一位資深記者的兩個兒子，分別在加拿大和澳洲留學，父子感情深厚，彼此不稱「父子」，父親稱兒子為「老兄」，兒子叫爸爸「阿胖」，老記者引為樂事，並揮灑在紙背上，真摯感人。老記者的兩個兒子在國外都有不錯的成績，始終在對遠方的探尋中超越現在的生活，對追求的艱難無怨無悔。老記者的老伴讀家書念遊子，想得很長遠：家鳥長大還往外飛呢？何況自己的孩子？她不是不想念兒子，而是把對遊子的思念轉化為憧憬，

她相信兒子會在異國他鄉開創新天地，這片天地是廣闊的，懷抱滿腔抱負，走得越遠越好。

老記者的老伴的心態具有一定的啟示，因如今的父母並不都能如此超脫，常聽說有父母只願意把孩子拴在身邊。「父母在，不遠遊」，古訓的道理毋庸置疑，但對古訓的理解應從長遠角度著眼，在父母的襁褓中成長的人難以立世。人們應以積極的事業心自立自強，無所畏懼地走在邁向遠方的大道上，這條路上有陽光、有歌聲、有笑臉……你逐漸能找到自己的天地。「在家靠父母，出門靠朋友」，對父母的依靠與對朋友的依靠頗有差別，後者對個人的能力與涵養有起碼的要求，自立是與朋友交往的前提。

梁曉聲寫過一封感人的家書，原因是他的親戚希望利用他的關係辦點事，言辭實惠也懇切。但被梁曉聲婉拒了，原因是「我們」應該「過小百姓的生活」，用汗水實實在在地做點事情，如果實在貧窮，他可以先寄去一部分稿費，求人辦事還是免了好，因為「我們的父親」一輩子不求人，不願意給別人添麻煩。拒絕的話句句有理，讓人頻頻點頭，可是生活中為子女說項的父母大有人在，其初衷在於望子成龍、望女成鳳，當然無可厚非，問題是孩子在這種呵護中成長，如何在遠方獨立自處？

要跋涉至遠方，應當具備獨立的思考。據說猶太人教育子女的方式非常特別，他們會在孩子前方挖個淺坑，然後叫孩子往前快跑，孩子如果乖乖掉在坑裡，一定遭到嚴厲的責備：「在這個世界上，不要相信任何人，只能相信你自己。」如果在孩子的腦海中形成了會哭者有糖吃之類成見，如何面對將來的世界？摔倒的猶太孩子大都會自己爬起來，他們知道哭鬧無濟於事，他們的父母知道孩子最應該得到什麼？

人們對遠方的跋涉當然要勤奮而執著，「不畏浮雲遮望眼」，

在真正有追求的人看來，安逸和享樂沒有任何意義可言，重要的是踏實地走好生活的每一步，因為，探索與超越是人生意義的呈現方式，「笨鳥先飛」，「勤能補拙是良訓，一分辛勞一分才」。這樣的道理人們不知說了多少遍？

一則禪宗故事更為醒人：

有個年輕人問高僧：「為什麼念佛時要敲木魚，而不敲木雞、木馬呀？」高僧聽後笑道：「魚是世上最勤快的動物，整日睜著眼睛，四處尋覓，這樣勤快的魚尚且要敲打，何況懶惰的人呢？」高僧的「敲打」亦可稱為對人生意志的鞭策，意在執著地探索遠方，對人生的奮鬥至關重要。

挣脫世俗煩惱的枷梏

　　當人們因寂寞而感到乏味的時候，可能嘗試與他人進行無意義的溝通，由於這種溝通缺乏意義，結果可能加重寂寞和乏味，甚至令他人感到很無聊，對無聊的判斷出於人們對世俗的紛擾的厭惡。生活中有多少世俗的紛擾，人們就會感到有多麼無聊，當乏味侵擾人們精神的領空，可以有很多拋棄的方法，無聊實則是人們對紛擾的參與，即加入世俗的紛擾，或曰以自己的無聊構成對他人的紛擾，實則不是什麼益事。羅丹說：「什麼是雕塑？雕塑就是在材料上去掉多餘的部分。」無聊正是人們精神系統多餘的部分，確實應該去掉。

　　一部反映無聊生活的電視劇演繹了某種獨特的活法，追求者懷抱明星夢漂流，為求得出鏡的機會而付出人格的代價，劇中主人翁坦承背後難以言喻的艱辛。據說有類似經歷的人承認該劇的真實，希望父母別看這部戲，如果他們知道其中的某些真實，會很難過的。主人翁渴望成名無可厚非，問題是以什麼方式成名？「君子愛財，取之有道」，成名的道理與之相似，放棄了高貴的人格，很多事情都難以談及。一位導演曾斥責某些同業：「任何人都有自己的活法，但是，我瞧不起你！」何以瞧不起？完全出於對人格的評價。

　　人格不值錢，用錢衡量人格本身就是問題所在，為何不問錢值多少人格？面對倏忽而至的機會，「抓住最要緊」的心理成為必然的思考，當一舉成名的事情多起來，塑造明星可能會成為令人矚目

的行業，問題是塑造出來的明星很難有生命力，而且這種塑造伴隨著許多問題，如果靠調侃和水準不高的幽默來迎合觀眾，影視文化就會成為缺乏靈魂的文化。文化固然應該有多種包容，但其前提是可以促進各內涵價值提升。高尚的影視作品賦予我們理想和熱情，對某部影視作品的重溫往往成為我們成長的回憶，何也？曾經在淚眼朦朧中解讀的影視畫面告訴我們人生的意義，這是俗不可耐的荒誕鬧劇不可能呈現的價值。

　　從某國製造的角度理解明星塑造可知，某國製造的意思並非製造某國，而是某國廠商製造的商品。在人生旅程中，主語不能輕易地被置換為賓語，主體必須承擔發展自我與奉獻社會的雙重責任。俗諺云：「人是鐵，飯是鋼。」飯對人的意義毋庸置疑，問題是人何以是鐵呢？人身上的鐵元素聚合起來，大致相當於一根鐵釘，人之所以是鐵，在於鐵是複數的組合，主體對各元素組合得不恰當，人也就成為碎鐵，經過雨水沖刷和陽光晾曬，飄揚到空氣中了。人與人的合作絕非無聊的溝通，磁鐵具有兩極，互相排斥抑或互相吸引，選擇排斥或吸引完全緣於你的判斷。換言之，主體對無聊的拋棄至關重要。在人人自危的環境中，如果選擇出現失衡，即使是一塊鋼也難以健康，應看準遠方的風景，不必為暫時做不了鐵人而煩惱。

　　人格是拋棄無聊紛擾的重要標準，人不是隨風搖擺的浮萍，而是會思維的蘆葦，人生轉向是慎重選擇的結果，人們贏得機會的水準與其人格境界等值。當機會尚未來臨的時候，可以做充分的準備，沒必要感受無聊的紛擾，而應具備踏實的進取意識。承擔大任之前的準備絕非輕描淡寫之舉，而要在承受苦楚的過程中經過艱辛的摸索，從而獲得超越自我的可能，無聊當然不能代替這種必要的準備，擔憂與焦慮同樣無益。

　　俄國作家契訶夫講過「小公務員」的悲劇：「小公務員」在劇院看戲時突然打了個噴嚏，唾沫不慎濺到坐在前排看戲的將軍身上，「小公務員」連忙道歉，將軍當即諒解，但「小公務員」頗為不安，中場休息時再次道歉，次日又專程到將軍府上賠罪，之後再向將軍解釋自己的無意之舉，將軍因無法忍受這種無聊而吼道：「滾出去！」這個「小公務員」為此膽戰心驚，回家竟然死了。這個故事頗具啟示意義，「天下本無事，庸人自擾之」，很多事情出於某種情緒的困擾，在把握人生的過程中，切莫在無聊中渾渾度日，應挺直身軀散發成長的活力。

真愛需要勇敢地付出

感情是一件說不清楚的事情，因為愛恨之間並非界限分明。在緣分之間，有一根感情的絲弦牽扯著你的心，「東邊日出西邊雨，道是無晴卻有晴」。

戀愛中的男人對女人承諾時，往往表白使對方永遠幸福，但幸福是一種主觀感受，雙方的理解不盡相同，比如幸福就是多賺錢；幸福就是擁有；幸福就是享受……曾讀到一位飽經滄桑的老人深沉的述說：「無論在什麼樣的環境裡，總會有一個人渴望知道你在哪裡？做著什麼事情？有沒有吃飯？身體怎麼樣？然後聽你無聊的牢騷和海市蜃樓般的抱負，任由你發脾氣，容忍你的一切缺點，用整整一生的時間愛你，證明你的價值，這難道不幸福嗎？」話語間飽含人生滋味，真正的幸福孕育在日常生活世界，「無情卻有情」。

電影《我的父親母親》演繹的正是這種「有情」的故事。沒有擁抱，沒有接吻，卻表達了天荒地老的境界，令人感受到久違的樸實與柔情，紅棉襖，花髮夾，等待的焦急，相見的幸福，滿山的野花，漫天的情愛……構成一場完整的愛情。它演繹的不可抗拒的美，讓人們寧願把營造的劇情當作「真的」生活，為掩飾與虛無大哭一場：所有為愛辛苦的求證，其中真善美的回答絕不會無解，我們終究感動了自己。正如「傷心是一種說不出的痛」，痛就痛在「說不出」上，因為純真的痛讓人們失語，在生活中最好不要傷害戀愛的對方，倒出去的水，滲入土地，跟石頭、沙礫融為一體，收回覆水確是一件很難的事情。

　　柏拉圖在其文章《會飲》中講述了愛情的理念，宙斯不希望曾是「圓球狀的」的人失控，就把他們分成了兩半，「在醃製野櫻莓之前把它剖開，或是用一根頭髮切開雞蛋那樣」，這樣製造的人的力量當然減半，問題是人們不僅失去了曾經的力量，同時失去了曾經的幸福，他們渴望找到曾經的擁有，「都急切地撲向另一半」，這就不難理解，為什麼真正的戀愛在雙方感情進入佳境時，是不會考慮門第出身之類。即使是一個乞丐，只要值得愛，哪怕一輩子要飯，也寧願伴隨；即使是一個富翁，每天都錦衣玉食，如缺少真愛，也不免憂鬱終生。

　　現實的愛情可能沒有這麼浪漫，周圍擺放著「柴米油鹽醬醋茶」，但我們仍然可以在心靈的草地上釋放自己的感動。更何況，愛情是一種力量，瓦西列夫斯基說：「愛情的實質是精神的自由振奮，是主體的自我實現。」沒有愛情的人生當然是不完整的，「東邊日出西邊雨」，這是人生無法缺失的自然形態，但雖然是自然形態也無法擺脫緣分的左右，緣是人生的偶然，生命的火花讓它在剎那間成為必然。

　　人生當隨緣，很多事情不能強求，因為其中蘊涵著錯綜複雜的歷史沉澱；當得到緣分青睞之時，愛情在某個瞬間來臨，一定要珍惜，因為錯過的事情往往不再擁有，措手不及的際遇往往隨風而逝。愛情是一個動詞，我們要為她提供平靜的萌生環境，著眼於當下亦關注將來。當一個人老之將至的時候，沒有與曾經的戀人白頭偕老，那種孤獨感是明顯的，而擁有陪伴一生的知心妻子，那種幸福感也是明顯的。

　　「覆水難收」，這個道理告訴我們，最好不要製造「覆水」，否則即使費力收回了「覆水」，也要經過艱難的過濾提純，否則無疑等於吃泥巴。愛情固然要展開令人激動的情節，但不必刻意營造

五光十色的故事，因為人生對大起大落的悲歡的承受能力是有限的。

　　但愛情也絕非平庸的，它要在可能的範圍內投入而忘我，而在忘我的過程中找到柏拉圖意義上的曾經的擁有，正如巴斯卡所說的：「偉大的靈魂，並不是愛得最頻繁的靈魂，它應當是愛得最強烈的靈魂。」愛情的甜蜜與投入的強烈成正比，它承載著厚重的人生意義，塑造日常的高尚，而頻繁地更換對象的存在，會在疲憊中失魂落魄。

人們面對金錢的態度最能說明其與惡俗的距離。
金錢是重要的，但金錢不是人們生活的目的，
只是超越自我的物質手段，當手段成為目的，
人們必然會在「為什麼賺錢」之類的問題面前困惑不解。
金錢不應成為人生追求的終極目標，更不應成為人們品行低劣的來源。
盲目迷信物質的萬能會使人陷入惡俗的境地，但揮別惡俗同樣需要勇氣。

抵制惡俗的侵擾

　　當很多戲說歷史的劇作風靡螢幕，很多歷史事實與歷史風俗遭到恣意改編的時候，評論家展示了抵制惡俗的力量，但他們的聲音還不夠響亮，觀眾對這種評論還不夠重視，儘管絕大多數影視作品被稱為「遺憾的藝術」，這主要是從服化道、攝錄美等角度評論，若從精神意蘊層面來說，不同「遺憾的藝術」之間的差別還是明顯的。當拼湊情節與話語乏味令人難以忍受，當表演者對生活事實的理解陷入惡俗的境地，嚴肅的評論至關重要。人們的追求可能不夠崇高，但不能容忍惡俗對文化環境的汙染，更不能無所謂地走進惡俗的行列，創作者更應將歷史事實等知識性要素加以客觀表達，而將藝術發揮的重點放在情感等心理活動上，這樣才能避免惡俗的侵蝕，使藝術作品提升人們的精神境界。

　　時尚娛樂並非惡俗的搖籃，時尚促進人們心靈的舒展，使人們在自由自在的娛樂中感受閒暇時光的欣慰，但螢幕上引領大眾目光的若只是低俗膚淺的存在，沒有深刻的思想，不能表露生活的意志，則讓我想起外婆說過的話，「唱戲的是瘋子，聽戲的是傻子」。時尚娛樂同樣應該表明智慧的態度，體認時代認可的負責方式，陽光般地展示自我並感染他人，應該用不輟的攀登燃燒生命，用誠摯的愛心回饋社會。藝術創作者不僅要懂得光與影、冷與暖、明與暗，還要知道情節的紋理與線路、人物的心理與性格以及歷史的演繹與真實，不能以庸俗的迎合之舉贏得觀眾的眼光，不能在觀眾無所謂的欣賞中洋洋自得。

　　人們面對金錢的態度很能說明其與惡俗的距離，金錢是重要
的，但因為金錢而產生的世態炎涼令人難以忍受，如果「有錢走遍
天下，沒錢寸步難行」的悖論得到認同，生活與追求的價值取向便
不得不令人深思。某些有錢人之所以讓人感到俗，原因就在於其令
昂貴的金錢在傲慢的言行中成為「沒文化」的表徵。金錢不是人們
生活的目的，只是超越自我的物質手段，當手段成為目的，人們必
然會在「為什麼賺錢」之類問題面前困惑不解。「君子愛財，取之
有道」，金錢不應成為人生追求的終極目標，更不應該成為人們品
行低劣的來源，正如莎士比亞所說：「如果人類喪失道德，即使用
鋼盔鐵甲包裝起來，也是赤身裸體的。」

　　人們應該透過創造財富的方式感受人格的高貴，而非迷信「有
錢能使鬼推磨」，不能讓眼中透出別樣的光，被人指責為「勢利
眼」之類。金錢是有價值的生活物質，卻並非生活意義本身。成熟
的企業家之所以崇拜哲學、珍愛生命、熱愛藝術，以慈善之舉為初
涉社會的不墜青雲之志者提供生活的路標，在於其懂得不能「在
鳥的翅膀上捆綁黃金」，「寸金難買寸光陰」，「有錢難買六月
雪」，與其迷信金錢的萬能而陷入惡俗的境地，不如以金錢的能量
奉獻社會，以完善有價值的人生。

　　當我們對時間、感情、健康等生命不可或缺的存在加倍珍視的
時候，可以清楚地看到惡俗之無意義，把握金錢的意義與限度，若
能讓心靈在坎坷中高歌，幾經挫折仍然奮力前行，更會對惡俗之舉
視而不見，絕不會陷入惡俗的困境，在忙碌與疲憊中度過庸庸碌碌
的一生。藝術作品若要獲得長遠的生命力，務必避免以惡俗的方式
短暫吸引觀眾，這種與觀眾之間的速食式互動，於人於己都是浪費
時光之舉，其獲得的有限價值必然在觀眾的重複欣賞中黯淡無光。
經典藝術作品之所以令人百讀不厭，在於剔除了渣滓，拋棄了惡俗

的侵擾，以高貴的精神力量推動人們前進的腳步。人生歷程的創造同樣應該如此，只有嚴肅對待生命中不可輕視的問題，才能灑脫地感受生命的藝術存在，秉持抵制惡俗力量、獲得超越自我的可能。

開弓沒有回頭箭

　　人生沒有終點，卻有很多起點，每個原始起點都很重要。挑戰世界的豪爽與騎虎難下的尷尬構成了生命的兩極狀態，對於雄心勃勃的人來說，事情在運作的早期往往披荊斬棘、雄心萬丈，主角因此自鳴得意，可是事情慢慢地發生變化，懷疑、猶豫等令人三心二意，耐力遭遇挑戰。「開弓沒有回頭箭」，因而，必須嚴肅看待開弓的過程，方向一旦確立就難以改變，不要畏首畏尾，在射箭之前要弄清楚自己為什麼開弓？選擇怎樣的方位？這枝箭到底能夠射多遠？並盡可能為此謀劃完美的方略。

　　射箭是一個過程，其出發點內蘊精神境界，不能堅持者即使射出去有了開始，也無多大意義，重要關鍵是爆發能夠射穿戈壁的力量，並不間歇地衝擊，直指前方的勝利。人生亦為射箭的過程，個體能夠衝擊多遠，在於其耐力與爆發力，有開弓射箭並執著進取，不難得到認同，失敗有很多原因，其中之一是在中途放棄計畫，最後無路可走，或者在進取的過程中突然怠惰，「坐吃山空海也乾」。「死豬不怕開水燙」，始終保持拚搏的韌性，在關鍵時刻亦不後退，「置之死地而後生」，才可能「柳暗花明又一村」，因為，有些看似「死地」之處充滿生機。

　　逆水行舟，不進則退。站得高，看得遠，必須擺脫懦弱的糾纏，好開弓是成功的一半，在射出利箭的剎那，生活發生了質的飛躍，標誌著與曾經訣別、與未來握手。嚴謹的求實精神貫穿在生活歷程中，使一滴滴水聚成遼闊的海洋，使一枝枝箭射向遠方，「滴

水見太陽」，箭達到路途的長短與射箭者的力量累積、射箭技法、弓箭品質都有重要關聯，射箭的過程是展示細節力道的過程。這種細節有時就是生命的全部。構築目標的具體環節至關重要，認定方向之後，射箭者應該謹慎地發揮自己的累積，繼而著眼長遠。

開弓之前的準備與開弓之後的堅守同樣重要。成功在於累積，一年長不成一棵大樹，得到仰慕的目光要付出代價，其意義在於超越自我並令仰慕者把價值賦予自己。當堅守遭遇命運的坎坷，射箭者務必獨具勇氣且站得更直，因為「人生來不是為著給打敗的」！箭之力追求渾厚與長久，因為如此，射箭者應該自覺加重其承受力，讓負重的自己站得更好。射箭的志向不可以不高，心態卻不能過急，「皮之不存，毛將焉附」？射箭者應該考慮到自身條件的強弱，用示強或示弱的方法爭取有利的位置，對射箭亦有益處。

成為高超的神箭手，應該懂得「引而不發」的妙用，必要時又能一錘定音。神箭手要保持「哲別」箭鏃的稱號，務必與時俱進，在有益於射箭的最佳點上撐起穿越戈壁的強弓，神箭手不僅要了解射擊目標的具體情況，還要了解射擊對手的短長，「知己知彼，百戰不殆」。在了解彼此的基礎上，射箭應以「道」行之，射箭者器宇軒昂，威風凜凜，「該出手時就出手」。從射箭的過程中感到快意，他們的追求是健康的，從射箭的意境中感受挺拔的文化氣質，一旦射出強勁的利箭，神箭手就不再回頭，他們在執著進取中不悔初衷。

「天下事有難易乎？為之，則難者亦易矣；不為，則易者亦難矣。」射箭的難易或曰人生的歷程無不如此，射箭的選擇因而十分重要，或者頗有自知之明地放棄射箭的努力，或者以充分的準備力撐強弓，切忌成為拉封丹的毛驢，徘徊在兩堆青草之間，最後竟然餓死。

　　選擇射箭是值得讚賞的，但伴隨讚賞而來的是擔當的責任，時刻考驗射箭者的耐力、勇氣和智慧，世間本無難易之事，「為」且用心則「難者亦易」，「不為」且無所事事則「易者亦難」，成為神箭手當然不可缺少必要的天資，但後天的錘鍊與修養至關重要，只有憑勇氣、智慧與力量踏實尋求，才能成為生活中的「哲別」箭鏃，無所畏懼地挺起生命的脊梁，以有力的雙手撐起生活的強弓，射中遠方的目標，把握追求的生活意義，從容地迎接周遭讚賞的目光，並使鼓勵的目光照亮周遭的世界。

百事宜早不宜遲

「明日復明日，明日何其多，我生待明日，萬事成蹉跎」，詩中的道理在很多俚語亦得到說明，比如「磨洋工」、「懶驢上磨屎尿多」，以警示的方式說明「百事宜早不宜遲」。「時間就是速度，效率就是生命」，很多事錯過了一小時，很可能就錯過了一生，因此，很多聲稱「笨鳥先飛」的人並不笨，他們做事情積極主動，從來不等待天上掉禮物，日積月累，很多事情自然發生變化。瞬息萬變的社會存在著太多不確定因素，在激烈的競爭中馬不停蹄，驅使追求加速度，切實地訴求未來憧憬的圖景，才可能避免生命的遺憾。

時間對人們是平等的，「曾經的」輝煌如果不持續地鑄就，很可能掉入無奈，人生的道路筆直或迂迴地向前方延展，切不可使前方長滿野草，否則，醒悟時已晚。「將軍趕路，不追小兔」，何也？「兵貴神速」！只有使速度成為加速度，才不會失去戰機，全力以赴打拚時，不能有私心雜念，否則前途茫茫。「百事宜早不宜遲」，處事之前當未雨綢繆，消解拖延不決的心態，處事時雷厲風行，必要時「出其不意」，處事的法則一環套著一環，知道什麼時候該辦什麼事，只有避免拖沓或心猿意馬，才不至於南轅北轍、蹉跎人生。

生活中不乏樂於遲誤之人，以遲到為身分的象徵，證明自己是繁忙的人，實乃惡習，誤人亦誤己。在遲誤得到文化認同的場所，遵守時間的人可能被視為不成熟，反而被認為有些「著急」，從而

不甚「沉著」；以「沉著」的方式延誤他人進取的環節，據說展現了智慧，因為等不及的人可能做出不智之舉，使「沉著」者受益。果真如此，這樣的「著急」與「沉著」令人深思，「沉著」者長此以往，成為影響周圍的怠惰之人，把耽誤的樂趣渲染開來，這種誤人之舉應該得到改變，所謂「沉著」者如以延誤的方式自降人格，實則走向沉著的反面。

「自古英雄出少年」。在他人聞雞起舞的時候，「沉著」者仍在做黃粱美夢，結局可想而知，「聰明鳥」往往在「笨鳥」成功時茫茫然不解。其實，天資聰穎和資質駑鈍都處在變化中，才華之水天上來？事實未必如此，真知往往在實踐中產生。

時間是一把萬能鑰匙，可以改變很多事情，很多「不可能」的事情在時間的流淌中成為「可能」，但萬能鑰匙隱身於市井中，忽視萬能鑰匙的人難以開啟生命的鎖。「乳酪」之所以在一夜甚至眨眼間消失，正是時間的流淌與他人的所為改變了停頓的你，使原來的生活世界快速改變，在某種意義上，這個世界上有兩種人：一種是珍惜時間的人，另一種是浪費時間的人。前者將可能浪費的時間融進血液和生命，使「不可能」成為「可能」，後者在消磨中喪失了意志，使「可能」成為「不可能」，兩者的差異無疑應該引起人們的重視。

奧斯特洛夫斯基在《鋼鐵是怎樣煉成的》一書中道出生命的意義：「人的一生應該這樣度過，當回首往事的時候，他不會因虛度年華而悔恨，也不會因碌碌無為而羞愧……」若不想虛度年華或碌碌無為，必須自覺地提升時間的利用率，不斷超越既往的人生。我們在童年都讀過《龜兔賽跑》的童話，奔跑如飛的兔子打了個盹，讓烏龜得了冠軍，生活是在快速的「高速公路」上行駛的，忽視時間之舉十分危險，因為很多事情都是在「第一時間」完成的，生活

節奏不等人，落伍往往在方寸間，人生的緊要處只有幾步……

　　對事情及早處理反映了人們的從容，從容產生快樂。人們曾經或正在心懷夢想，坐在奔向目的地的車上，尋找生活的意義，以挑戰的方式感受生活，不可缺少從容的器度。

　　一位朋友說：「生活考驗人們對時間的把握。」「吃要少，睡要早，事要了，心要好」，簡單幾句話頗為醒人，「事要了」正是及早處理周圍事物的踏實之舉。踏實是從容的代價，從容要付出汗水，只有付出辛勤的汗水，才會感到踏實。這種狀態的兩端都是向上的，人們在這種向上的張力中思考和行動，成長著自己的見識，提升著自己的品味。

識時務者爲俊傑

　　識時務者之所以聰明，在於其知道如何防患於未然並轉危為安，但這種變通的能力往往為固執者所厭惡，因其「見風使舵」。殊不知，變化的時代對人的適應能力有很高要求，面對突如其來的挑戰，應有迎刃而解的本事，使生活平穩地化險為夷。由於能夠輕鬆地解決周圍的問題，識時務者被稱為「俊傑」，他們具有高超的洞察力，善於協調人際關係，懂得梳理直接的現實關係和間接的未來關係，因而散發某種魅力。可見，「時務」乃是中性詞語，應該對其加以健康的理解，務實地汲取他人的智慧營養，才會根深葉茂在生活中開展。

　　識時務者能夠把握重要的處世目標，具有足夠的洞察力，他們考慮問題從不好高騖遠，處世比較實際，因而能夠避免固執者的得不償失之舉，他們不願意務虛名而處逆境。識時務者大都比較穩重，「真人不露相，露相非真人」，識時務者「隱藏」在日常生活的各個領域，他們因為謙虛而內斂，在很多人張揚的時候苦練內功，體認人生樸實的美德與智慧。識時務者往往執著，他們致力於在陡峭的山峰中，「披荊斬棘、摧枯拉朽」，時光如流水，他們能夠快馬加鞭，從不莫名其妙地猶豫、迷路抑或增添煩惱。

　　「三百六十行，行行出狀元」，何也？務實者也！如果不識時務地只單向追求，三百六十行的專業分工則難以成立。如今，不識時務者越來越少了，人們知道板著面孔蜻蜓點水式交往，很可能證明自己無價值，甚至逐漸成為不受歡迎的人。青年才俊知道處理實

際問題的必要，他們把握現實關係以使事業平穩，把握未來關係以使事業更上一層樓，他們扎實的基本功令人折服，在複雜險惡的生存環境中，他們保持謙虛的態度，在和風細雨的生存環境中，他們仍然保持謙虛的態度，因此，識時務使他們取得雙倍的價值。

識時務者不急於求成。事實上，急於求成往往適得其反，「心急吃不了熱豆腐」，「欲速則不達」，到什麼時候辦什麼事，到什麼山頭唱什麼歌，識時務者深知「好飯不怕晚」，他們為人處世懂得掌握火候，不會因為著急而吃生飯，而「大蔥蘸醬」與「小雞燉蘑菇」的差別是不可忽視的。相對於固執者「累死也無功」，他們深知「釣魚不在急水灘」，始終能夠保持「平地行走」，從而一路暢然。識時務者在和風細雨之處收穫甜美，他們不願意「耍雜技」，而有養精蓄銳的涵養以及把握時機的智慧和勇氣。

識時務者懂得韜光養晦，如是金子遲早會發光，踏實進取對事業的發展至關重要，「空談誤國，實幹興邦」，踏實肯幹和懶散怠惰帶來的不同結果極易分辨，一旦構成差距，就會「強者越強，弱者越弱」，只有掌握變動的關節點，才能發揮身上的潛力，識時務者不忘本，不知天南地北者往往處境尷尬，他們為成功提供了反面教材，務實者的作為則日積月累使然。百丈禪師奉行「一日不作，一日不食」，抱負使之然，務實者不會將今天的事情拖到明天去做，因為明天已經是另一天。識時務者沒有過多的熱情，往往十分冷靜，「冷眼觀人，冷耳聽語，冷情當感，冷心思理」，他們不乏《菜根譚》的智慧，「性躁心粗者一事無成，心平氣和者百福自集」，他們的成功具有重要的借鑑意義。

「識時務者為俊傑」，在踏實進取的過程中，他們不哀歎坎坷和磨難帶來的苦惱，他們手中拿著望遠鏡，登上適宜眺望遠方的山頂，踏實地走在地平線上，因而或多或少降低了遺憾的指數。他

們表面上比較冷靜，有時甚至還有點冷酷，但進取者的熱情並不冷卻，他們的冷與暖出於對事態的考慮，同時用心提升自己，「一天不學自己知道，兩天不學對手知道，三天不學誰都知道」。成為俊傑之後，他們更加成熟，生活並不是寧靜的湖水，「水至清則無魚，人至察則無徒」。為了改變周遭的環境，他們首先醞釀和創造自己，他們深知人生苦短，遠方無限，當真正把足印穩健地踏向遠方的時候，他們也成了遠方。

人之所以快樂，不是因為得到的多，
而是因為計較的少，感激的多。
感恩是懷舊之舉，是人性高貴的表達，在高樓大廈鱗次櫛比地佔滿視線時，
感恩的心靈穿越覆蓋而直抵陽光，使生命不至於成為單調的物理過程，
並從容地充滿活力。
感恩不僅是自我人格的昇華，
也是對他者恩德的告慰，為溫暖的傳遞提供理由。

喝水不忘打井人

　　懷舊是對眷戀的往事的懷念，往往是唯美的，而對曾經的品讀於當前的生活有難言的意味，人們歡迎曾經震撼心靈的影視作品重播，在螢幕上的一招一式一舉一動中悲喜交加，原因正在於此。懷舊有多種方式，對懷舊作品的重拍同樣意味著懷舊，但這種懷舊是以創新為前提的，經典作品的重拍極有可能超越原有作品的品質，但能不能如經典作品一樣佔據人們的心靈，則很難說，因為經典在那時那地的藝術影響力並非重拍能企及的。當很多事物都在加速，懷舊不妨保持原有的恬淡，以平和的方式緩緩展開，人們之所以為對方的懷舊而深深感動，在於以往的真善美忽又觸及心靈，繼而改變人生。

　　對以往老友的懷念是懷舊的重要內容，憶及老友的鼓勵與幫助，讓我們感到由衷的溫暖，老友的期待與企盼是我們前進的動力，讓我們感到生活的品質與意義，因為很多事情都要眾人共同成就，一個人的聲音無法在真空中傳播。

　　「喝水不忘打井人」。喝水是人的本能，但弄清楚到底哪裡有水與如何飲用，則展現了人的能力。捱餓時誰給的饅頭？飢渴時誰給的水？令人難以忘懷，知恩圖報而非以怨報德是值得堅守的生活原則。即使打井人不圖回報，喝水者也應該有基本的態度，水有源，樹有根，如果沒水的時候知道求人，有水的時候忘了報恩，喝水者的人品便值得質疑了，更何況，打水是勘測、試驗、深挖等構成的系統工程，打井並非挖坑，特別是打深井尤其考驗人們的耐力

和智慧，喝水者應該向打井者學習生活經驗，「喝水不忘打井人」因而具有雙重涵義。

　　但生活中卸磨殺驢者亦非罕見，他們可能是「巧使喚人」的專家，在不知不覺利用打井人的資源「造勢」，在打井的前後，他們的臉色變幻莫測。可是人們畢竟知道，猴子的屁股是紅的，狐狸有條藏在後面的尾巴，鼠目寸光的人遲早顯現出一個「小」來，忘記打井者的喝水人因而離價值人生遙遠，相較之下，忘記打井人與牢記打井人構成喝水者兩種不同的人生軌跡。前者過於在意自己，卻事與願違，以「人情薄似輕雲」的心態遊戲人生，無視人們對其「忘恩負義」的指責，很難感知生命的終極意義，後者懂得珍惜打井者的恩惠，他們未必表露什麼，但很多事情不會忘記，奮鬥時承載的支持並不是空洞的，與老友重逢時對酒當歌，的確是難言的生命佳境，這種快樂是前者從未感受過的，生活的真實總會以特有的方式懲罰某些人，從而展現生活幸福或曰人生價值層面的公平。

　　一位老友在感恩節給我發簡訊說，「人之所以快樂，不是因為得到的多，而是因為計較得少！感謝生活，感謝坎坷，使我們擁有一顆感恩的心，感受精彩，體會人生。」感恩是懷舊之舉，實為人性高貴的表達，在高樓大廈鱗次櫛比地佔滿視線時，感恩的心靈穿越覆蓋而直抵陽光，使生命不至於單調為物理過程，並從容地充滿活力。感恩不僅是自我人格的昇華，也是對他人恩德的告慰，為溫暖的傳遞提供理由，喝水人有朝一日成為打井人，使其他喝水人受益，使個人的發展成為他人發展的條件，這樣的場景實在令人憧憬。

　　當然，懷舊也使人們徒增幾分無奈，那是對於逝水年華的留戀與歎惋。當「花樣年華」漸漸遠去，很多歎息之聲依稀可聞，眼中湧出不易察覺的情感，曾經的年輕已悄然化為臉上的斑點和皺紋。

　　懷舊有時候令人傷感，但懷舊的妙處在於傷感的內容與當前的存在並未全然斷裂，既然曾經在昏暗的甬道裡抑或台階上擦肩而過，或許如今很多機會不再來，但能夠把握的則不能再錯過，埋藏在心底的熱情應當綿延而非飄散，我們應該往好處著眼審視曾經的人和事。在懷舊中有所感激，在感激中有所回報，在回報中惠及更多的人，在對話與合作中成就人生。

　　雪萊詩曰：「我若是一朵浮雲能與你同飛，我若是一片落葉你所能提攜……」在奔波的腳步中流走多少時光之後，我們能否還有這樣的心境？可能是個問題。

與小人劃清界線

很多事情說起來讓人感到奇怪，可是奇怪的事情流傳幾千年卻綿延不絕，比如說傳播流言蜚語。每個有這種愛好的人，都知道做這種事沒有人給你一分錢，但當他們做起來就是不知疲憊，特別是這種行為速度之快確實令人咋舌，即使網際網路也難以望其項背，因為它是全方位地覆蓋，「眾口鑠金，積毀銷骨」。於是，從古至今，人們視謊言如洪水猛獸，唾液淹死人的事情，絕不是什麼天方夜譚。

傳播流言蜚語是一項業餘職業，它給傳播者最大的回報就是聽眾對言說者「見多識廣」的評價，但他們若遇到身正不怕影子斜的人，受到鄙視繼而失去名聲是無疑的，因此，這種事情還是不做為好。「靜坐常思己過，閒談莫論人非」，這是令人贊同的人生修養口訣，只要作風正派，就不要擔憂流言蜚語的襲擾，因為害怕不能保護自己，反而給長舌之人以可乘之機，使其變本加厲，有違拒斥長舌之人的初衷。當然，除了固守自我的道德準則之外，還要講求交往的藝術，找到對付長舌之人的辦法，繼而在高層次的操作中與之保持距離。

在生活中常見兩種人：一種人對長舌之人採取忍耐的態度，當然他也很生氣，可是他「不願意跟你一般見識」；另一種人則針鋒相對，弄得彼此難堪。前一種人幾乎是拿別人的錯誤來懲罰自己，後一種人與無聊的人計較，降低生活的品味。其實，還有一種聰明人，他們也吃五穀雜糧，也可能做出讓人背後議論的事，可是他們

行事聰明，做事光明磊落，讓人覺得他們身正影子也正，更重要的是他們從來不與小人交朋友，由於沒有不堪之舉助人談資，長舌之人對他們就只有敬畏了。

　　孔夫子曰：「唯女子與小人難養也，近之則不遜，遠之則怨」，近與遠都不討好，看來難度不低。孔夫子所說的「小人」是與「大人」相對而言的，大人者，大人物是也，《易經》所言出門所怕有三，其中之一就是「見大人」；小人者，身邊從事服務者是也，對於這些服務者，古人很注意與之交往的態度與分寸，熱情和冷漠都不合適，即採取不遠不近的方式。

　　在這個意義上，「小人」之謂並非出於倫理評價，而當今所言之「小人」則出於對被評價者的道德考量，即缺德、陰損、混帳之類人等，余秋雨先生說：「令人最痛恨的並非明目張膽的仇家，而是出於陰暗角落裡放冷箭的小人。」此話很有道理，小人在暗處，或者戴著面具，令人很難提防。在現實生活中，他們的力量和時間多於君子，知道怎樣蠱惑人心，不道德並不意味著沒有力量。

　　不與小人交朋友，實乃聰明之舉，這樣使他們缺少可乘之機，但小人有時候如同黏膠，黏在好人身上不願意走，這時就得盡力擺脫，以求擦肩而過，達到邪不勝正的結果。一般來說，對付小人不容易，小人最先謀求損人利己，一旦此目的未遂，他們寧願損人不利己，甚至露出猙獰的面目，與小人的戰爭有時候可能是拉鋸戰，讓對方陰暗的心理灰飛煙滅不是一朝一夕的事。小人大都屬於長舌之人，論人之是非最擅長給不在場的「他人」的社會評價蒙上一層陰影，這陰影往往都是在「莫須有」的言談中形成的，這正是小人的能量所在。

　　民主氣氛濃厚的時候，小人的能量仍然不減，他們不願放棄自己的「權利」，儘管這權利的社會意義是負面的，他們仍然堅守並

樂此不疲。與小人劃清界線，應從提高自身素質著眼，不把流言蜚語當回事，「走自己的路，讓別人說去吧」，讓一切謊言在陽光裡銷聲遁形，踏實地過一種坦然的生活。坦然出於勇敢，更何況，小人或有改過的可能，應該給他們一點時間，塵埃遲早落定，不要與小人爭一時之短長。與小人劃清界線，必須使自身的修養蘊涵君子之風，讓小人的詆毀事業在深刻的文化批判中破產，使文化修養成為治療小人之精神疾病的良藥，小人遲早因為以往不堪的業餘職業了無成就而與之揮手告別，剩下不多的人也因為聲音得不到回應而難成氣候，長此以往，君子無憂。

於無聲處聽驚雷

　　當一切成為歷史，我們才能塵埃落定地感受既往的智慧和勇氣，因為處於發展進程中的事物總要覆蓋若無其事的外表或縹緲神祕的面紗。「誓言無聲」，高貴的精神世界與情感經歷往往在沉默中產生，甚至承受無法言喻的壓力或付出別無選擇的犧牲，對年輕人來說，前輩的意志、理想、信念在生與死、愛與恨、情與仇中歷練，似乎過於沉重，但這種沉重是前輩無法選擇的也無法拒絕的，這是特定歷史對他們的考驗，他們深沉的責任感，挺拔高貴人格，米蘭・昆德拉說：「也許最沉重的負擔同時也是一種生活最充實的象徵，負擔越沉，我們的生活也就越貼近大地，越趨近真切和實在。」在這個意義上，理解父輩的理念與操守，具有傳承生命激情的歷史意蘊。

　　很多當時革命作品還原了一段歷史，再現了一群光榮人物，留給當代人深深的思考。品讀激情燃燒的歲月，感覺生命激情是不能缺失的，對承擔歷史的人格境界的忽視注定使劇作失去分量，繼而流於對生活的摹寫和喋喋不休的述說，面對很多當時革命作品的主人翁義無反顧的人生觀，很多庸俗劇作應該為其精神空白而感到臉紅。革命年代的很多選擇實乃「於無聲處聽驚雷」，我們正是在他們的忠誠誓言中，感到生命昂揚進取的歌聲。在人生的重要轉折處，驚雷往往在無聲中響起，震撼我們的心靈，驚雷的醞釀並非朝夕之功，「九層之台，起於累土；千里之行，始於足下」。成功是考驗毅力的馬拉松，真正的驚雷都不是在喧鬧中產生的，它屬於寧

靜與沉思的世界。

有一則「二戰」時的故事頗有驚雷之韻：

> 有個德國傳教士每天從一片田地走過，在田間工作的有個叫米勒的農夫，許多人不屑於跟他打交道，但這個傳教士每天早晨都熱情地跟他打招呼：「你早，米勒先生！」米勒從田地裡抬起頭，熱情地與之揮手問候。「二戰」爆發了，這個德國傳教士是猶太人，生命受到納粹的威脅。而米勒加入了納粹軍隊，這個昔日的農夫如今決定著生殺大權。他每天站在火車月台上，面對火車上的猶太人，用一個小旗子決定他們的命運，旗子指向左邊，意味著對方走向死亡，旗子指向右邊，意味著對方可以離開這個國家。當猶太傳教士再次站在米勒的面前，他簡直不敢相信這個事實，決定他生死的竟是經常見面的農夫米勒，傳教士習慣地問好：「你早，米勒先生。」米勒的鼻子微動，隨即拿起手中的旗子指向右邊。在那個村子裡生活的很多人都沒有逃離死亡的厄運，而這個傳教士憑著以往的真誠，救了自己一家人，很多震天動地的聲音往往潛伏在日常瑣事中。

人生的境遇由順境、常境和逆境組成，一切都會因智慧、魄力、判斷而發生積極的變化，看似貧瘠的土地上可能蘊藏著濃綠的春天，幾乎所有站在廢墟上的努力都指向更美好的將來，起點的滄桑並不妨礙美的感召力。

二十世紀六〇年代，一位被稱為「鐵人」的石油探商曾說：「有條件要上，沒有條件創造條件也要上。」話語中透露的是「與

天鬥其樂無窮」的勇氣，只要執著求索，就有機會迎來生命的春天。尼采提倡找回自我繼而重估一切價值。我們應該在冷靜的抉擇中，得到愜意地安居的勇氣，「若有恆，何必三更起五更睡；最無益，只怕一日曝十日寒。」這副楹聯描繪了很多人對待目標的態度，可以令熱中「三分鐘熱血」者醍醐灌頂。「驚雷」的啟示意義在於，人生應該持之以恆地拚搏，在大是大非面前做出不辱使命的決斷，我們可以作為懂得思想的「蘆葦」，隨著河塘的月色搖曳多姿，但在權衡品行操守的時候，務必挺拔生命的脊梁，踏實地感受前進的力道。

所謂曰：「智者不惑，勇者無懼，誠者有信，仁者無敵。」做到不惑、無懼、有信、無敵，才能夠獲得超越自我的人生境界，蘊涵著對社會和歷史的承當。這樣的人生境界成長在日常土壤中，在穩健中拔節，溫暖地散發生命的光和愛。

沒有選擇的人生注定是無奈的，
但可以選擇的人生也未必是幸福的。
因為選擇代表承擔，承擔意味著可能失去安逸。
不放棄的舉措考驗著人生的耐力，不放棄是強者之舉。
在人生的道路上，強者從不間斷奔跑的步伐，
他們的耐力、毅力和責任感令人欽佩，
他們沒有一條路走到底，但在人生緊要處的選擇往往堅定而從容。

學會放棄和承擔

人生是一望無際的道路，我們都「在路上」，「在路上」跋涉不可缺少責任感，不可忽視生存的狀態，不可讓渡生命的意義與愛的傳承，人生的很多事情也不可放棄。不放棄就得承擔，承擔意味著失去安逸，努力將自己的快樂連通於生活的快樂之源，奔波在繽紛變化的日常生活中，我們以獨特的視角理解人生百態，面對生存上的各種可能，要自覺或不自覺地把握生命的真諦，從容地做出決定和判斷，對不可放棄的事物加以明確的認識並在進取中釋然。

人們在傳達真善美的渴望時，能夠找到樸素的生活養分，將感官快感昇華為精神美感，因為生活的道路令人深知，不可放棄生命的尊嚴和愛的信念。要在生與死的意義中找到自身的價值和奮鬥的理由，為未來的生活走出真正令人熱血沸騰的道路。

不放棄出於明智或不明智的選擇，選擇或決斷往往確定了相當長一段時間的成長路徑，我曾經向翻譯《康德全集》主編李秋零教授請教「人生何以擺脫痛苦」的問題，他以四個字令我醍醐灌頂：「必須經過。」選擇的過程尤其難於經過，但沒有選擇的人生注定是無奈的，而可以選擇的人生也未必是幸福的，艱難可想而知，其中的學問在於選擇者的判斷力。選擇明智與否，都得加以承擔，即使扼腕歎息或悔不該當初，不論如何，也得飲用自己釀造的苦酒，這時無人替你分擔，你只有默默地感受選擇帶來的一切，並在不放棄的承擔中累積智慧，以免再次做出錯誤的選擇。對生活中令人不愉快的事應坦然接受並加以適應，「不要為打翻的牛奶哭泣」，以

不放棄的堅持提升人生境界。

　　不放棄的舉措考驗人生的耐力，「出師未捷身先死，長使英雄淚滿襟」，無疑是悲慘的生活境遇，但這種境遇出於外力，不是主體自我放棄使然。生活中常見的境況是「行百里而半九十」，在不斷迫近目標的過程中，人們因為打退堂鼓而在即將成功的時候選擇放棄，使曾經的努力因而化為烏有。所以，時時充滿希望十分重要，人是靠希望來支撐的，應該對未來加以把握，安東尼‧羅賓在《喚醒心中的巨人》中寫道：「每個人都能成為命運的主人，今天就下定決心，到底在未來要成為什麼樣的人？然後為自己制訂更上一層樓的標準，提高對自己的期許，並堅定不移地去達到其標準。只有確定未來的志向與階段性目標，執著而踏實進取，以超凡的勇氣堅守生命的價值，才能『喚醒心中的巨人』，把握自己的命運，使生活的意義通向久遠的將來。」

　　不放棄是對過程的享用，世上很多事情無所謂開始，也無所謂結束，關鍵在於堅持，在堅持中品味自己奮鬥的力量，無疑是幸福的，「吃自己的飯，流自己的汗，自己的事業自己拚，靠人靠天靠祖上，不算是好漢」。這句中肯的話是成長的提示，用淺顯的方式注釋樸素的哲理，充滿獨特的熱情和體驗生命的力量。不放棄並非固守一隅，這種智慧著眼於人生長路，如果明知前方的道路不可能寬廣卻「大膽地往前走」，意味著莽撞和迂腐，此並非智慧之舉，堅持是需要理由的，切不可陷入生活的漩渦，在追求的某個階段，對某類事情加以暫停並不是顯示懦弱，坦然正視過失何嘗不是一種勇氣？一籌莫展之時，要思考變通的道路，不為「必須經過」的事情感到懊悔，要堅定地開闢發展的新局面。

　　不放棄是強者之舉，在人生的道路上，他們從未間斷奔跑的步伐，他們的耐力、毅力和責任感令人欽佩，他們沒有一條路走

到底，他們在人生緊要處的選擇堅定而從容。好漢不逞一時之勇，印證他們能量的是卓越的遠見和踏實的腳步，「世變事變，時易事易」，強者的終身志向不易變更，但他們的履行步驟和實現手段並不僵化。在日常生活中，為人處世皆需「大處著眼，小處著手」，有時候，1%的希望會變成100%的成功，每個具體的成功都趨近志業的完成，萬川歸海，當我們淌過一條條河流，心境越來越開闊，大海不再遙遠。

「令出如山」的管理態度

美國鋼鐵大王卡內基的墓碑上鐫刻著這樣的話:「這裡安葬著一個人,他最擅長的能力是把那些強過自己的人,吸納到他服務的管理機構之中。」管理展現了人的組織能力,高超的管理是令人擊節的藝術實踐,拙劣的管理則會遭遇部屬「有心無力」的工作態度,整個團隊因缺乏熱情而陷入危機,甚至感到寒冬的氣氛。寒冬並非倏然而至的,如果在發展的春天沒有著意了解、培養和激勵團隊中的個體,遭到困境的時候,樹還沒倒,猢猻已散。如果沒有確立核心價值觀,沒有培養個體的敬業精神,沒有降低團隊內部的溝通成本,本來渴望長成參天大樹的團隊長成了一片草地,雖然不乏一定的存活能力,卻失去了價值。

啟動每個管理的小單位,才能居安思危,營造出同舟共濟的氛圍。在某種意義上,難熬的冬天對一個團隊來說,未嘗不是好事,經過冰雪的洗禮,可以提高抵抗能力。據說某企業掛有一幅生動的畫作,描繪的是即將撞上冰山的渡輪:「能挽救這條船的,只有你!」團隊的重要意義在於建構向心力,使平凡的個體看到自身可能的不平凡,透過積極努力,用結果來證明自身確實不平凡。在深刻的反思之後,革新管理模式,轉換陳舊的管理思路,自然能在風吹浪打中挺立浪頭,反之則陷入管理的泥淖。我們應該知道一個事實:把麵粉、雞蛋、奶油和酵母放在一起,如果沒有恰當的理念加以安排,各種元素絕不可能組合成一個蛋糕,那只是一堆沒有管理靈魂的堆積物。

　　管理是激勵個體的過程，其意在於播撒成功的種子，使事業朝著預定的目標拓展，個體的活力應該在管理的過程中得到激發，個體應該在不斷超越自我的過程中為團隊的發展激動、自豪，因為他們在團隊的發展中看到自己的進步，在工作的緊迫中感到自身責任的沉重，在成功中找到了自己的座標。當管理者認識到個體之於群體應負的責任時，他們在善待他人的同時善待自己，管理者對團隊的組建或調整是認識並培養人才的過程，人才無疑是團隊發展的重要因素，是否善於識別並任用人才，是衡量管理者成功與否的重要標準。在某種意義上，能使人們產生歸屬感的力量照亮了團隊，徹底的向心力可以使員工以企業的盛衰為己任。因而，出色的管理者能夠結合集體智慧，他們毫不動搖的勇氣和強烈的正義感為追隨者樹立了榜樣，個體追隨的有時並不是某個創業計畫，而是使他們深受鼓舞的管理者。

　　管理者的人格魅力十分重要，他的長遠藍圖激勵著個體，使個體為團隊的發展和管理者的期待而努力。管理者應該善於決策和創造，他們肩負引領個體的重任，深諳如何讓管理的種子在土壤中生根發芽。「眾人拾柴火焰高」，如何聚合人們點燃的熱情，考量管理者的組織能力。管理者應該具備實幹精神，如果對團隊的瑣事袖手旁觀，管理者在個體心目中形成虛假的印象，團隊就如同站在沙漠之上。只有始終如一地辦實事，雷厲風行地做文章，將管理的人才視為與自己平等的存在，才能切實地推動團隊的發展。

　　「不畏浮雲遮望眼，只緣身在最高層」，管理絕非易事。管理不僅實現了管理者獲得自我的人生境界，同時也實現了管理者關注、激勵乃至成就他人的人文情懷。管理者是團隊航海進程中的船長，他們始終喚醒個體的危機感，讓他們知道不進則退，微小的過失可能造成全盤皆輸。管理不是散播小恩小惠，不是驅使個體「為

五斗米折腰」，而是在培養與激勵的過程中，表達生活的暖意。啟動每個管理的小單位，意在從細節著眼，把握流動不居的經濟運作中近乎永恆的部分，使人才能安心工作。「鳥擇林而棲，人擇優而仕」，只有為人才成長創造理想的環境，才能夠啟動管理的各種光源，發掘個體的長處，改變管理的靈魂，以將引導的光芒照亮整個團隊，以高超的指揮藝術刪除合奏中的雜音，拓寬視野的半徑，創造整體的奇蹟，這樣，管理才能「令出如山」，使帷幄之運籌決勝千里。

與虛擬的愛切斷連接

電視劇《紅樓夢》的主題曲令人百聽不厭：「一個是閬苑仙葩，一個是美玉無瑕；一個是水中月，一個是鏡中花⋯⋯」一位識字不多的親戚堅持說是「井中花」而非「鏡中花」，理由是「井中花」難以見到陽光，存活十分艱難，其病奄奄的樣子很像黛玉，「鏡中花」可能反射陽光燦爛的角落，那裡的鮮花嬌豔地開放著。她不懂得，「井中花」固然處境艱難，畢竟還有生長的時空，而「鏡中花」只是一種反射，鏡子是不能提供生長的水源和土壤的，「鏡中花」與「井中花」對應著虛幻與真實，涇渭分明也。

有時候，虛幻的世界可能滿足人們真實的需要，比如沉浸在網路生活中，遊走在現實與虛幻之間，儘管終究要回歸柴米油鹽的日常生活，可是網路生活的美麗更在於過程的浪漫，思想與渴望透過鍵盤的敲擊傳遞，察覺不到對方的缺點，重視過程的體驗而非結局的收穫。「網路沒有人知道你是一隻狗」，飆網者敲打著鍵盤，和五湖四海的人暢談，沒有利益衝突，不必考慮對方的美醜善惡，有共同的語言足矣，只是不能在虛擬環境裡實現自我，因為生活世界的困難往往比虛擬世界的交流複雜得多。

網路紅娘是現實生活的「鏡中花」，因為網路媒介畢竟有現實意義，正如網路聊天室也可以稱為網戀的溫床，遠遠地看起來，很美，這得感謝距離，近看不行，這種虛幻美，美得讓人心疼。如果網戀也可稱為愛情，很難說是正版的，非正版有廉價等優點，但其缺點也是明顯的，網戀看起來消解了空間的距離，實則朦朧了空間

的距離，雙方蒙著眼睛，是男是女尚且分不清楚，遑論同性戀或婚外戀，網戀雙方的結合充滿著前衛、虛幻和美感，他們不可能對著螢幕自閉症般表達愛情，最終必然走出網路，到現實生活中來昇華這段緣分，必將面臨很多種可能的結局和各種具有挑戰性的問題，網路不解決這種問題，它只是媒介，愛情的伺服器無疑是現實的，兩者未必配套，因此，網戀往往是「鏡中花」。

網戀可能犯性別上的錯誤，這種玩笑很有趣，類似構思的影視場面有時候在新聞中出現，在網路「化裝」成十七歲少女的六十歲年長者與陷入網戀中的年輕人見面，年長者第一句話就是：我不忍心再騙你了。這種場景對人們很有啟發，年長者走出網路時空，在生活世界告訴年輕人，你的美麗與哀愁可能是真實的，但寄託的對象不現實，即使你的內心深處的情感在網路聊天室曾被挑動，往往只是轉瞬即逝的雨霧，可能逝如朝露了無痕，如果僅僅將網戀定位於虛幻世界的自我滿足，也無可厚非；若要將其移位到日常生活中來，則無異於謀求虛擬世界與現實世界的對接，這種對接也可能成功，更可能「見光死」。

網戀或許只能感謝不可預料的因素，它們使人們難以看到對方的眼神，只能心情舒暢地望梅止渴。植物沒有土壤很難生長，愛情離開了生活和心靈，往往只能是「水中月」，如果說人們透過網路成就了一段美滿的愛情，固然應該感謝網路，但更應該感謝緣分。

網戀有著不成文的規則：雙方只是營造精神家園，離開網路時空，彼此是陌生人。在這個意義上，虛擬的網路和現實的生活需要區分開來，在網路時空付出的情感只是擺脫空虛寂寞的精神撫慰，如果秉持找尋愛情的嚴肅心態，難免遭遇太多的「戀人」，愛來也匆匆去也匆匆，幾乎沒有誰沉醉愛河。用手說聲「我愛你」，對於他們來說太簡單，只代表沒有太多意義的問候，如同說「你好」。

網路只是在無窮的可能性中，將風格各異的陌生人加以別致的排列組合。

　　大陸動畫片《猴子撈月》告訴人們，「水中月」是美的，可以因為某種需要把它當成真的，或多或少地體認詩意而浪漫的性情，以證明時尚生活的情趣，因此，網戀也無可厚非。然而，愛情更多的是穩定二人世界的甜蜜與溫存，在茫茫人海中找到可以稱做「愛」的感覺，呵護在生活的土壤中，用心靈的水澆灌，這時候，愛情與網路正在切斷連接……

體會自然元素裡的生命力

洗澡應該被視為肌膚的歌唱，在感受淋漓的過程中，生命的元素似乎跳躍著。洗澡屬於個體化經驗，其感受固然可以交流，但舒服終歸是自己的。兒時隨外公泡澡堂，水燙和揉搓的力道都讓我難過，但是老人們沉浸其中，然後躺在簡易的木板床上，享受難得的午後，直至服務員調皮地唱道：回家啦，回家啦，老婆把燒酒都燙好啦！大家才懶洋洋地起來，慢悠悠地收拾好自己的身體，打著招呼各自歸家了。我願意把人們泡澡堂理解為重溫往昔生活的方式，可襯托當今生活的進步和品質。

曾有影片展示了一群人泡在熱氣騰騰的水池裡的場景，也展示了某種城市化洗澡方式——講究的是方便和快捷，為我所心儀，只是那屬於藝術構思，尚未對應到日常生活。影片的對白談到一個事實：大陸西部非常乾旱，那裡的人們一輩子大約只洗兩次澡：分別在出生和出嫁時。

這件事情聽起來令人不安，大陸西北地域廣大，蒸發量比降水量高數倍。有的地方水貴如油，水是生命的潤滑劑，沒有水，人們無法正常生活，飲用水尚且不夠，哪能談洗澡的問題。

在有的地方，據說一盆水得到多次使用——從洗臉、洗腳到餵牲畜，在甘肅、青海和寧夏等地，至今有人感到水貴如油，我們無法離開水的呵護。有一則廣告發人深省：地球上的最後一滴水，將成為我們的眼淚。事實不容懷疑：河流水質汙染，都市水位降低，全球普遍缺水……人類的天地本應是樹的世界、河的樂園，身臨其

境，感受人與自然的平衡，領略大自然洋溢的水墨畫、輕音樂和朦朧詩的意境，我們應在大自然的花雨中舞蹈，在清澈的河流中觸摸水波的蕩漾，至少每個人都應該擁有洗澡的權利。

有時候面對都市的問題，我們不得不品味這樣的文學假設：在未來某個都市或農村，由於長期缺水，母親沒有奶水餵給孩子，當孩子哇哇啼哭的時候，只能吮吸孩子臉上的淚水！魯迅先生指出：「林木伐盡，水澤湮沒，將來的一滴水將和血液同價！」遭遇這種境況，洗澡之造價確實無法負擔得起。而都市人對水的講究不斷提高，曾偶然看一部港台劇，主人翁笑著找「汽水」喝，雖然他在冰箱裡找到的是可樂類的碳酸飲料，可是這台詞很有懷舊情調。傳統的汽水已經多年不喝了，現在的飲料花樣繁多，可樂、橙汁、果茶……可是，可樂喝不出新鮮感覺了，橙汁色素濃度太高，果茶似乎有點兒酸澀，喝水似乎成了不大不小的難題。

小時候在外面玩累了，花兩毛五分錢到雜貨店買瓶汽水仰脖而飲，沒等看顧我的奶奶問人家這汽水是不是開水做的？我早就喝得精光了，還幸福滿滿地回味著。

現在到朋友家做客，朋友客氣地問：喝點什麼？喝點什麼呢？非得讓朋友點出三五種飲料才罷休。可是越喝越渴，有一部小說的對白談及泡沫紅茶和礦泉水的對比，後者亦稱白茶，確實展現了主人翁的品味。白茶之為茶得經過名稱的考量，似乎放上清香的茶葉，熱水泡開的才叫茶，白茶的包裝上註明從山林中提煉而來，能補充人體所需各種礦物質，卻與茶不沾邊。殊不知，人間最淡屬白茶，能品嘗白茶的味道，絕非附庸風雅者的功力可及，與各種經典的香茶與時尚的珍珠奶茶之類比較而言，前者雍容華貴，後者淡若梨花，在都市待久的人們有理由品嘗純淨的味道，這味道就如同當年奶奶熬的白開水。

　　白茶涼爽中有點甜，心情真正在水中放鬆。假如人們只能選擇一種飲料，我想大家多半選擇礦泉水，內涵普通的它離土地最近。「真水無香」，李時珍將白開水譽為「太白湯」，藥補不如食補。可是如今許多城市的地表下面形成漏斗，我們的水是越來越少了，不多的水卻一邊被汙染一邊被浪費。長此以往，不禁讓人擔憂：明天白開水是不是也得賣錢？當然有聲音會說，我們可以向冰川和大海要水，只是在技術未達標準之前，還是節約為好，若遇著以往的「汽水」，不妨預訂幾瓶。

體驗來自民間的生活智慧

　　生活的智慧在民間，我們能在市井之中找到處世便捷的通則，儘管它們往往不被人注意。由於這些通則並非出自正統的「學院派」，人們通常稱其為偏方，稱偏方的方法論為「野路子」。但偏方的力量確實不可低估，有時候恰恰是捷徑，正統的處方有時候並不能有效地治療罕見的病症，當偏方偶爾被派上用場，人們不禁對其刮目相看。

　　偏方其實不偏，它與正統的處方殊途同歸，只是對症下藥的角度不同，它所透露的道理也都是生活中累積的規律，只是沒有紀錄正規的「文本」，但這並不妨礙它們在起死回生之間為生命見證。

　　曾經偶然遇到一位九十高齡的「神醫」彭老，老人精神矍鑠，眼不花，手不抖，臉上少有皺紋，說話時中氣十足。他以自創的中醫針灸療法「觀眼識病」聞名杏林，一生治癒了無數患者，被國內外醫學界稱為「針聖」，其銅像被豎立在遼寧中醫學院……我問及養生之道，彭老說：「人出生的時候，身體裡的資源足以維持一百年。」一語驚四座，「但人們在生活中不善於節制，對菸酒財色的迷戀損耗身心，喜、怒、憂、思、悲、恐、驚使人們在不經意的放縱中丟失了生命的本源。其實，人生就像一根燃燒著的蠟燭，若不按照自身的軌跡發光照明，如同蠟芯不再挺直脊梁，使得蠟油四溢，生命的品質就被打了折扣。」他笑著喝了一口茶，「人一生很不容易，所以才要珍惜並開創屬於自己的天空，因為誰也不能活第二回啊。只有愛護自己，才能愛護別人。」

　　「神醫」的針灸療法是當然的學院派，對人生意義的理解可以被看做是一劑偏方，同樣治大病。「七情六欲本是常」，人們置身其中，往往樂此不疲，若一味地節制，人生豈不變得單調乏味？

　　彭老說：「放縱絕不是快樂的根源，人的欲望是無止境的，對欲望的過分需求會造成人際關係的失衡。其實人們應該在意的是心靈的底色，如果每天心靈的底色都保持溫馨透明，幸福已經來臨。」健康而幸福是不可或缺的人生感受，失去這種感受，人們將在無聊與彷徨的狀態中領悟心病的折磨。

　　「曾經有一百多個國家的記者採訪過我，他們提問、調查，甚至考驗過我之後，都說我簡直是神仙。我是不相信神的，但我認為神仙做不到的，醫生卻有可能做到。因為一個人只要探尋到生命的真諦，便是探尋到宇宙的大智慧，便會懂得如何使生命的每一天都沉浸在溫暖的幸福之中。」

　　如同診脈一樣，彭老對生活脈搏的把握頗見功力，儘管已九十高齡，全身的脈絡非常通暢，講述的人生道理耐人尋味。世上其實無所謂偏方正方，只要能治病，就是通用的良方。偏方不能標榜，我們常在大街上看見賣偏方的，他們標榜自己得到華佗或李時珍的真傳，要不就是祖上幾百年前的祕方，引來路人駐足。這種做法符合傳播學的理論，引得民眾好奇，卻未必具有真正的本領，但人們對偏方的好奇，倒是能說明某些道理。人們不應對偏方持有偏見，如果我們把治病當作重要的事情，偏方就應該構成某種選擇。孔子篩選「詩三百」，都是民間的音樂，跟很多自以為是的作品比起來好多了，治病的道理同樣如此。在大千世界中，我們的學院派固然要堅守自信的品格，但也要對民間的力量擁有足夠的采風體驗。對偏方的推廣而言，其持有者不應該保守，不願把祕訣傳給外人，偏方自然成為「廢方」。

　　誰都有自己的看家本領，關鍵是你有沒有慧眼，取捨不能浮躁。當人們對偏方表示不經意的鄙夷的時候，不免嗤之以鼻，但偏方的複雜程度並非輕易就能給出答案的。從偏方的道理來說，我們對周圍的智慧要保持虛心的學習態度，不要以自己的所知所思去斷言日常生活的實際經驗，當書本知識與自己的判斷力不足以對待前方的挑戰時，我們要適時地將目光投向偏方，尋找有助於我們擺脫困惑的有效方法，在市井之中作必要的停留，那裡是人生的大課堂。

在人生的道路上，激情投入的追求是不可缺少的，
激情投入的追求是在堅守理想的同時堅持前行的過程。
在這個意義上，實幹是激情投入者的必然選擇，踏實地加緊奔走的步伐，
融入拚搏的成長環境，是激情投入者的生動寫照。
很多期待不勞而獲，
鄙視勤奮努力的人在充滿競爭的人生海洋中脆弱得如同漂泊的浮萍，
他們往往在誇張的妄想中迷失了自己。

擁有激情投入的心態

　　幾個做美術裝潢的年輕人到一家大公司投標，這家公司的總裁對他們說，自己在少年時代也報考過藝術學院，但是沒有考上。不料這幾位年輕人說，好在你沒有考上，否則可能會跟他們一樣到處投標。他們覺得自己過得非常「悲慘」，藝術和現實生活都沒有得到周圍人足夠的重視。殊不知，這位總裁儘管沒有考上藝術學院，可是當年非常狂熱地迷戀美術，每天都在不停地畫畫，以至於冬天長了很多凍瘡，夏天經常被蚊蟲叮咬。他覺得藝術是人類知識和智慧的累積，是情感和時代碰撞的火花，美的方式帶來深深的感動。

　　後來，他和朋友們策劃「藝術週」，這是一次將作品拿到廣場上展出的公益活動，當時他們借了個貨車，開了足有五、六公里，這次公益活動沒有得到任何贊助商的支持，他們把平時打工賺的錢都拿出來，據說這種熱情源於從藝術作品中汲取的道德觀念與精神境界。他們對自己的投入無怨無悔，也正是因為這種投入，這位總裁在創業初期成為企業最權威的技術專家。原因非常簡單，兒時的熱情投入成就了未來的成功，最早開發的產品大部分繪圖是他自己畫的，每根線條都令他興奮，那是特殊的創業特質使然。由於繪圖的創意卓越，當年有幾十家企業購買專利，他因此獲得「第一筆存款」，並因為成功而不斷激勵自己。

　　多年後，他成為國內第一個擁有私人飛機並拿到飛機駕駛執照的人，其領導的企業年收入達十幾億。他在不同的領域不懈地投入努力，如果單純從經濟角度去看，很多投入可能並沒有道理，比

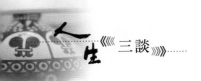

如對藝術的熱愛，對美的欣賞，對道德的自覺維護，並不能增加企業的經濟利益。可是只有熱情投入的人才會冷靜地思考人生，他們要在創業中找到人生境界，單純地追名逐利不是投入，而是簡單投機。

熱情投入者深知，孤立的樹不能成為參天大樹，森林裡的樹木粗壯驚人，競爭使之爭取到陽光，生命中幾乎所有的優勢都是在競爭中產生的，我們為此應自覺地迎接挑戰。同樣的道理告訴我們，在旱地中播麥，在水田裡種稻，按照自然規律播種、施肥、耕耘、收穫，才有可能風調雨順收成可觀，「付出終有回報」。所以，很多憧憬不勞而獲、鄙視勤奮努力的人在市場經濟的海洋中脆弱得如同漂泊的浮萍，沉浸於無根的自得，他們往往在誇張的妄想中迷失了自己。

無論是做生意、求學問，還是當主管，激情投入的追求都不可或缺，有歌詞道：「你問我要去向何方？我指著大海的方向。」對於所有追夢人來說，這首歌道出了人生可觀的未來，人生除了憧憬遠方的夢想之外，還需要正確的導航，否則極易隨風飄盪，以致虛擲一生。激情投入的追求是踏實的，他們拒絕保守古板的實踐態度，為了追求生命的超越，他們懂得與時俱進，在堅韌的求索中殫精竭慮、見微知著，讓世界在每天的發現中變幻容顏。

熱情投入的追求是在堅守理想的過程中堅持前行的過程，人生如戰場，創業者的成績無不經過勞累、困苦或艱辛取得，世世代代受到讚賞的堅韌精神和偉大意志，才是引導成功的力量。熱情投入的追求承載著對磨難的抵抗，以一種意義感召追求者，使之成為人群中的航標。在這個意義上，實幹是激情投入者的必然選擇，只有踏實地加緊奔走的步伐，融入拚搏的成長環境，才能一往無前地釋放生命潛能，逐步跨越成功的階梯，讓負重的自己站得更好。

　　人不擁有可選擇的生命，卻擁有可選擇的生活境界和追求方式。熱情投入使追求成為藝術的表達，促進量變趨近質變。「一日春風吹不盡三冬嚴寒」，驅散寒冷的力量是在熱情投入的追求中慢慢累積的。熱情投入的追求使人生的目標趨於完善，使人們拓展夢想的領地，如果生活、愛情抑或事業是一杯無悔的茶，熱情投入者手中的這杯注定香飄萬里，多年後依然清香醇正，如同極品龍井。

勇於單純地面對生活

就是在那樣一個黃昏，思緒游離間，忽的瞥見豎立在書架上的那本小說，蒙著灰塵，穩穩證明一種存在，不覺產生些許感動，或說是一種興趣。帶著簡單而迫切的念頭，了解「男人的一半」如何等同於「女人」。

漸漸展開了那本書，展開了在溫潤的泥土氣息中散發的不溫潤的故事，近似於支離破碎且渴望整合的生命歷程。雖然這個歷程已經告訴過我們，無論在貧窮慌亂的抑或和平富庶的年頭，人們都熱切地希望自己的生命在群體或個體的變化中充盈起實在的尊嚴與價值，可是在追求的路途之中，人們不可避免地面對精神陷阱的誘惑。一旦失去了人格的魅力，人當然也就不能成為完整的人，而變成現代文明中一匹可憐的騙馬，站在自己以致性別的對面。但是，成為完整的人並非易事，特別是在浮躁的氛圍中，五光十色的價值觀念主導了理性，純真的情感在物質欲望面前站立得並不堅實。

男人之所以謙讓女人，表達紳士風度，並非生來在精神上低於女人，「女士優先」，乃是因為男人佔有體力強悍等優勢而必須為女人提供平等對話的文明基礎。男人如果與女人具有「肋骨」層面上的關聯，禮讓女人等於禮讓自己；男人如果與女人沒有「肋骨」層面上的關聯，禮讓女人則等於崇高自己。在這個意義上，禮讓並不吃虧。更何況，女士也並不一定軟弱，男人與女人的對話與合作方能撐起一片完整的天，在對話與合作的過程中，個體的男人和女人才可能成為完整的人。追求完整而無法達成，似乎構成對生命尊

嚴的挑戰。

對《男人的一半是女人》一書的閱讀很不輕鬆，甚至非常沉重，但沉重中又增加了長久的感動。張賢亮先生在生命的波動中努力透視人們經常忽視的東西，在每一段失去的「過去」，觀念中的道德也許難以判斷和評價主人翁的思想本身，正如一些人鑄造船隻、駕船出海，最後觸礁沉船；另一部分人生活在生命的意義之外，即使逃離了沉船，卻永遠生活在冰冷的海底。那麼，一切熱愛生活、壯志凌雲的人如何看待人生並追尋其意義，如何探求生活的座標，也許不應該屬於什麼難題，但任何並不深奧的答案並不能為人們輕易選擇，原因總是游離於生活的意義之外，總有某種困擾的力量使人們與遺憾結緣。我相信一群心地淳樸的人不僅僅感到簡單的的滿足，他們不乏深刻卻不引人注意的理念，是歷史的批判，更是人生的時代反思：男人的一半是女人。

誠然，男人不是孤立的存在，也無法獨自擎起完整的天空，「女人能頂半邊天」，這句話是對舊社會低估女人的社會價值的糾正。女人並非可有可無，並非男人的附屬品，女人有其獨特的意義，但離開男人，女人也不再完整。男人的一半是女人，女人的一半呢？在《男人的一半是女人》的主人翁看來，生活雖然艱難而令人無奈，但畢竟處於進化之中，人們因此而獲得各種指望，甚至擁有「沒事偷著樂」的空閒，這正是人生的堅韌之處。對於男人和女人而言，應該找到人生意義的基點，嘗試「簡單」的生活，正是為了自己的另一半，為了人性與個性的某種抉擇。

我們探索「完整的人」產生的可能，完整即總體，人在總體上獲得實現個體價值與社會價值的可能，乃是自由與全面發展的重要成因，是其價值理想的根本所在。人類的交往起初也正是發生在男女之間，交往的擴大構成社會，社會為人的完整提供平台，從「肋

骨」角度看，處理好與另一半的交往，是促進社會發展的重要途徑，失去與另一半的平等而融洽的對話，生活難以完整，這種交往幾乎涉及物質生活與精神生活各層面。在人們追求完整的時候，單純往往是達到理想的重要素質。

有緣相聚是一種行走的藝術，
在茫茫人海中彼此相識相知，這其中承載著無數的偶然。
真愛往往開始於平淡，
兩個人天荒地老廝守一生，實在不是一件容易的事。
真正的情愛是彼此深愛的人，游走於人間滄桑相互依偎取暖，
至於相守的形式，早已經不重要了，相守的內涵才是情愛的關鍵。

成熟的愛需要理智

　　情愛畫廊並非固定畫面的凝固展示，她是流動的行走的，儘管其內涵一如繼往地連通深情的渴盼。當時尚的節奏草長鶯飛，略顯含蓄的夏雨過後，葡萄藤在古老建築的牆壁上纏繞著執著的意象，這樣的場面是值得流連的，情愛畫廊的震撼漸漸從心底傳來。緣分在行走著，在茫茫人海中彼此相識相知，其中承載著無數的偶然，真愛始於平淡，兩個人天荒地老或地老天荒，實在不是易事。真正的情愛是彼此深愛的人，遊走於人間滄桑相互依偎取暖，早已昇華到不拘泥形式了，無論簞食瓢飲還是錦衣玉食，相守的內涵是情愛的關鍵。

　　曾讀過關於癡情女子和若干封信的外國短篇，文字充溢著傷感和失落。第一封信標明的日期是兩人分手的次日，簡要描述了離別之情，第二封信在十天之後，第三封信在一個月後，接著是半年之後，內容沒有太大的差異，只是述說隨著時間的流逝而從悲傷中慢慢解脫出來的感受，此後的時間隔斷成了五年後、十年後，講的是自己的日常生活，包括孩子、丈夫和漸漸衰老，直至最後的文字讓人震驚：「親愛的，我沒辦法承受失去你的痛苦，在我們分手的第二天，也就是你收到這封信的前二十年，我已經結束了生命，我將這些人生的內容全都填滿，委託別人按照日期和地址陸續地寄給你，如果它們現在已經到你的手上，我將沒有遺憾，你應該已經淡忘了我們分別時的不快。」這是怎樣的愛？

　　情愛之痛在於雙方擁有不同的情感境界，領悟情愛往往開始於

人生的花季，花季之戀如同緩緩綻放的木棉，不懂得和讀不懂的感覺讓初戀從開始便伴隨著某種遺憾，正因為花季的純真，遺憾充滿難以超越的痛苦因素，以至於對情愛周遭的很多事情產生深深的失望。在理智不夠成熟時，對失戀之痛的擺脫要依託另一份感情來加以替代，這樣的替代自然會加速撫平失戀傷痛的過程。理智的成熟者承受的傷痛注定更多，尤其是情愛雙方在理智的程度失衡時，彼此因難過難以對話，對話將加深對方的不理解，亦有癡迷於緣分的重構中人，將期待寄託於命相的預測之中，加之對預測有不同的解釋，期待的魅力便多元地滋生。

美國愛情小說《筆記本》講述了二十世紀上半葉歐美莊園裡的一段愛情故事：

> 貧窮的少年諾亞與出身豪門的艾麗打破世俗走到一起，享受愛的每一天，幾十年幸福生活過後，艾麗得了忘記一切的怪病，八十歲的老諾亞每天給她朗誦記載他們情愛的筆記本，生活最終為他們打開了窗戶……

當我們需要的不再僅僅是牛奶和麵包，在陽光溫暖的照耀中，是不可以昏昏欲睡的，因為並非每個人的一生都有好運降臨，真實的生活需要我們用心感知。真正的情愛不拘泥於形式，重要的在於對愛的執著感知，真心相守的情愛畫廊沒有焦慮不安患得患失的畫面，每當閃爍的霓虹燈在人頭攢動的街市投射強烈的動感，疾馳而過的汽車，擦肩而過的人影，情愛不能過於匆匆行進而草草走過十字街頭，牽手的情侶不能木然地穿行在鐵灰色情緒中，抑或搖擺在愛情的渡船上，辛苦而疲憊。

　　《筆記本》的理念能夠驅散某種焦慮，因為情愛緣於主人翁一生都在尋找生命裡的夏娃，一旦找到便生死相許，這樣的生活是相當有色彩的，而且足夠浪漫。我們應該重溫情愛的古語：「願天下有情人終成眷屬。」都市的夜幕降臨了，點點星光在這朦朧的夜空，不斷提醒我們那輪彎彎的存在的月，也曾經照映著演繹亙古的神話故事，人們在執著牽手的過程中往往能夠驅散內心的某種恐懼，「不管你做什麼？我都會永遠跟著你」，這種激情是需要力量的。

　　在激情燃燒的畫面中，悄然淡定的文字是：「我欲與君相知，長命無絕衰。山無稜，江水為竭，冬雷震震，夏雨雪，天地合，乃敢與君絕！」真愛沒有固定的答案，對真愛的解密是執著的相守，在相守的情愛畫廊中，古今中外關於愛的奇蹟，往往殊途同歸。

第二部

成長與力量

如在人生這條充滿艱辛的道路上求索跋涉，單憑天賦和才華已遠遠不夠。還要有汗水、淚水甚至血水澆鑄出的剛毅的心，承受常人難以忍受的磨練；更要有不屈不撓的頑強生命力和創造力，以及一顆洗淨鉛華的淡然與曠達之心，純淨、透明、質樸，容不得半點患得患失。惟其如此，才能完成自我的超越。

人生應從六十始

　　老年是成熟的人生時節，承載著數十個春夏秋冬的播種與收穫。沉澱的經驗與智慧緩緩流露，如同童年、青年與中年，老年是生命必經的階段，年齡的加深固然伴隨著活力的淡隱，但舉重若輕的功力卻是青年望塵莫及的。老年開始演奏人生的樂章，他遠離喧囂與張揚，沉穩的音韻讓人感到溫暖而踏實，越過歲月的高山，涉過人生的長河，回眸時，「滿目青山夕照明」，那是一種晚霞烘托的成熟。老年人固然承受著高齡的負擔，但伏櫪之志讓人感懷，很多年少時節無力或無緣品讀的畫卷可以在老年靜靜展開，含飴弄孫之餘，老年人仍可暢抒遠志，將不可能的願景輸入夢境；使可能的期望在粉墨交錯的舞台間歇粲然閃過。

　　老年是人生新的超越起點，「人生應從六十始」，這種重新規劃人生的雄心令人欽佩。老年人可以盡情享受閒逸，可以省卻奔忙與煩憂，應該彌補以往的遺憾，與老伴攜手暢遊嚮往的地方，詩曰：「踏遍青山人未老，風景這邊獨好。」夕陽的色調為攝影家偏愛，老年的風景同樣令人欣賞，老年人應該不服年齡的衰老，不必沾染力不從心的遺憾，老年人所要實踐的是理智的決定，發揮所積蓄的人生經驗，老年人固然有挑戰人生極限的權利，但這樣的機會應該讓給青年人，青年人以開放的姿態平視世界，老年人則以經驗的視野俯視生活，老年人的經驗未必正確，以往的智慧也未必適用變化的時代，但其中總有值得青年人汲取的營養。

　　青年人輕視老年人的龍鍾之態是一種幼稚，老年人看不慣青

年人的張揚之舉則是一種偏執；青年人是早晨八九點鐘的太陽，老年人是子夜來臨之前的華美；青年人可以有選擇地實現老年人的冀望，老年人可以適度地指點青年人的追求。「家有一老，如有一寶」，即使沒有輝煌的成就，平凡的老年人仍可能讓得意的青年人駐足請教，拓展人生之餘，青年人應該閱讀老年回憶錄，老年人的遺憾可能正是青年人超越自我的著力點。低沉的心態並非老年人的專利，有三十歲的老年人，也有七十歲的青年人，老年人可以在青年人的成功中體驗成就，青年人應該將感激的目光投給老年人。

老年更願意接近童年，童年剛剛走進這個世界，老年即將離開這個世界，人們因此對童年和老年有著特別的感情，成熟的老年人有時不免露出孩童氣，近乎返回人生起點的純真，社會自覺地為老年人減壓，「童叟無欺」，表面上看似乎是輕視了老年人，實則表達對人生的終極關懷。老年人沒有必要承受更多的艱辛，對人生逆境的搏擊應更多地由中年人承擔，中年人揚棄了青年人的莽撞，仍在汲取可能的經驗，他們肩上的責任確實不輕，卻無法將擔子交給老年人。老年人不能在迪斯可舞廳展現自我，卻能夠在霞光中漫筆晚晴，老年人有自己的精彩，童年是喜歡老年的，因為他們一樣地可以忘卻功利，有很多純真的情愫用來分享，老年固然已日薄西山，但這種淡然之美足以給青年和中年以深刻的啟示，他們的舒適與愜意對中年未來的期待是一種溫暖的慰藉。

人總是要老的，對老年人的贍養是不可以放棄的責任，「百善孝為先」是禮儀文明之邦的美好傳統，讓老年人品嘗孤苦伶仃的烈酒是殘忍的，老年人的絕望會讓中年人哀歎。老年人的個體有著不可忽視的差異，幸福的晚年並不鮮見，不幸的晚年也很平常。老年人未必祈求家境的富裕，卻不能缺少親情的環繞，「人心不古，親情不在」，是牽動老年人的敏感神經。正如童年無法忍受百無聊賴

的恐懼，老年人也難以承受舉目無親的寂寞，曾經付出的他們有權利獲得回報。

　　對老年人錢財的覬覦令人側目，翻閱老年人的教科書，可以踏實地靜心修身，翻閱老年人身旁的保險櫃，何其居心不良？與老年人結交忘年之誼，卻不能懷有機心地圖謀老年人的身外之物。獲取老年人不願出讓的財產，無異於欺騙與掠奪。人們對老年人的渴求應該限定在精神層面，別有用心地敬老沒有積極意義可言。這樣的人一旦原形畢露，必將遭遇人格的破產，而我們所能給予別有用心者的只能是真正的鄙夷。

欲望人皆有之，人生的追求兼有滿足某種欲望的內容，
但是否對欲望的限度加以確定是一件非常重要的事。
「活著」誠然是一個滿足欲望的過程，
但人並不能將欲望的滿足當作生活的全部，
思考「怎樣活著」是一門人生必修的功課。
「活著」是一種基本的生存狀態，「怎樣活著」卻是一種優雅的生活方式。
只為欲望而活的人生，就像一艘不明方向的航船，前方的旅途中充滿了未知的凶險。

給膨脹的欲望畫上休止符

欲望人皆有之，人生的追求兼有滿足某種欲望的內容，但對欲望的限度加以確定至關重要，較之願望，欲望大概都是個人的事情。我們從不將慈善之舉視為人們欲望的表達，而當個人的利己之舉表露得過於明顯的時候，往往用利慾薰心之類辭彙形容之。「活著」是滿足欲望的過程，但人並不能將欲望的滿足當作生活的全部，而是要思考「怎樣活著」。「活著」是一種基本的生存狀態，「怎樣活著」卻是一種優雅的生活方式，儘管人為了活著，可以變得很殘酷，誠如《資治通鑑》充滿沉重的描述，但對「怎樣活著」的追問從未間斷。

人視自己為萬物之靈，視人之外的動物為低級的存在，罵人總喜歡用動物做譬喻，稱與自己個性不和者為阿驢阿狗，其實，驢和狗一派忠心地工作看家，比某些不值得信任者更可愛。但人們用動物的舉動形容人的悖謬，有時也很準確。比如「吊肉跌死貓」，貓聞到了肉味，興沖沖地跳著，不知自己無力搆著肉而被累死。貓當然不知道肉何以放得高？肉不是自己的，惦記也沒有用，與其無謂地等待，還不如趕快去抓老鼠。

很遺憾，有些人並不比貓高明，儘管他們的智慧和能力曾經令人讚頌，當忘記「貪」字頭上懸著一把利劍的時候，費盡心思終日汲汲營營，一味地滿足欲望且「福」及子孫，則很可能在貪婪中引禍上身，突遭囹圄之苦。貓之探肉對管理者頗有警示意義，管理者務必自律，一味貪求就沒有回頭路，幾十年如一日地得到尊重，才

能成為有口皆碑的典範。腐敗之所以難以嚴禁，原因在於它嚴重地侵蝕身體，腐敗的誘人與清廉的艱難見仁見智，「百般鑽營」的心態如果像野草般生長，就難以融合個人意志與大眾意志，也無法成為時代的領導者。

腐敗是「陽光工程」中的黑子，腐敗與反腐敗的較量無時不在無處不有，全球百餘個國家和地區曾就各國反腐敗措施和國際合作問題進行廣泛討論，發表《海牙宣言》。腐敗不是某個地域的特定產物，反腐倡廉需要國際社會加強溝通與合作。腐敗具有普遍意義，它從根本上反映了人性的弊端，「貪」字頭上懸利劍，看到前方貪官的已然身陷囹圄，卻仍有步後塵者，他們的心態難以捉摸。《唐文萃》中一則故事耐人尋味：猴子常數百隻結伴而行，村人知其愛喝酒，且愛穿鞋，就把酒擺在路旁，並將鞋隻隻相連放在路邊，埋設陷阱，張網以待。猴子非常聰明，知道是村民設的陷阱，皆大罵，欲離去。但是，都覺得喝酒無妨，只要不碰鞋子即可。於是，「試共嘗酒」，繼而欲罷不能，「因取屐而著之」，結局可想而知。

猴子的悲哀在於控制不住誘惑。貪官比猴子高明多了，但仍然不能擺脫誘惑，最終在金錢和美色中埋葬自己，「人的世界觀是個危險的陣地」，這是階下囚說的一句真心話。腐敗必須防患於未然，保持政治穩定和經濟發展，必須解決腐敗的問題，心如止水才能守身如玉，從看不慣燈紅酒綠到迷戀聲色犬馬，這樣的過渡耐人尋味。清官楊震有名言曰：「天知，地知，你知，我知，何謂不知？」要想人不知，除非己莫為，只有正其身，端其表，規其行，方能為人楷模。兩袖清風才能無私無畏，無私無畏才能正己正人，成功的管理者離不開道德自律。

從源頭上治理腐敗才能標本兼治，但「隱疾難醫」，「隱疾」

之所以是「隱疾」，在於它不能像感冒發燒一樣獲得認同，治療「隱疾」或可在特定的醫院講述病史，或可透過高科技的醫療手段解決問題，「毒癮好祛，心癮難祛」，腐敗的治療應該更加重視。對腐敗的治療應該從規避人性的角度加以考慮，從機制上約束人性的弊端，而不要歸咎於「金錢是萬惡之源」、「女人是禍水」之類。賄賂的方式是多元的，當管理者對名譽、健康、欲望有了充分的認識，自然會做出正確的選擇，具有抵制「糖衣炮彈」、「色情」的能力，來來往往天地知，陰影世界是「見光死」的，正身、端表、規行當是管理者穿越陰影，感受陽光的重要選擇。

用樂觀的態度理解生活

　　一個除夕的晚上，每一班列車車廂裡很溫暖。車窗外是滿眼的萬家燈火，它們透著濃濃的暖意，等待著遠行歸來的遊子。此起彼伏的鞭炮聲隱隱傳來，傳播著歡快的氣氛，辭舊迎新的時刻要來臨了。運輸高峰期的車票常供不應求，人們趕在農曆年的除夕三十前回家，與親友重逢，有誰不想回家享受親情的溫馨，有誰願意陪車廂裡的陌生人度過團圓熱鬧的大年夜呢？整個車廂裡手機鈴聲頻繁地響起，人們露出誇張的表情，天南地北地祝福著親朋好友財源廣進、心想事成、萬事如意，卻忽略了近在身邊的有緣人。殊不知，沒有永遠的陌生，所謂熟悉正是從陌生開始的，更何況，「修百年方可同舟」！

　　我的座位在三排座的中間。經過兩次查票的對話，我終於弄清楚我旁邊兩人分別是空軍航空技術學院和醫學院的學生，他們始終低著頭看報，似乎沉浸在與自我或別人的不同時空中，對面兩個農夫模樣的人中間是一個可愛的孩子，臉蛋紅撲撲的，眼珠裡透出一股朝氣。列車廣播室正播放《常回家看看》，歌聲讓大家格外想家，除了結伴回家的親友之外，煩躁的車廂裡仍然少有陌生人的溝通，以至於人們在對視的瞬間，都微妙地將眼神轉過去。唯有那個可愛的孩子，微笑地注視著淡漠的人們，表達著自己的真誠，也許只有他在車廂裡感到了快樂。

　　一個快樂的孩子，一個不懂「想家」為何物的快樂的孩子，一個慢慢長大的美麗童年。新年的鐘聲響起來了，列車上的廣播傳遞

著各式的祝福,車廂裡不再充滿手機的喧囂了,仍然沒有人交談,人們接受著祝福,卻各齎將自己的祝福送給周圍的有緣人。這樣的大年夜似乎顯得冷清,大家都沒有什麼睡意,而人們還是瞇起了眼睛,任由脆弱的心靈將自己放逐到寂寞想像的世界,似有歎息獨自發出,可是誰都不說話。

一個顯得無聊而疲憊的大年夜!這時,那個快樂的孩子笑咪咪地掏出一個小玩具,是一吹就轉起來飛出的小飛碟。孩子輕輕地將飛碟吹向對面的我們。小飛碟輕輕撞動人們的臉,孩子開始大聲地笑,「飛行員」醒了,「醫生」醒了,「農夫」露出了微黃的牙,大家先是一愣,繼而也心情愉悅了。接著,孩子開心地打開自備的小飯盒,分給身旁每人一塊自帶的壽司。出乎意料的是,沒有人拒絕,氣氛漸漸溫暖著,人們開始交談了:抱怨車票難買,傾訴想家心切,探討個人愛好,互致美好祝福,這個公共空間洋溢了大年夜應有的生命氛圍。

一個勇敢地獨自回家的孩子,在本應熱鬧的年夜,用天真爛漫教會人們無障礙地交談,在交談中感受世界的美好,新的一年就這樣開始了……生活中不乏這個年夜的場景,漠然使溝通艱難而漫長,以至於錯過很多原本可能的感動,天真的孩子之所以能夠打破溝通的堅冰,在於冷漠的堅冰在其眼中並非堅冰。以暖色調理解生活世界,自己的身上也散發著溫暖的光澤,人們應該以這樣的光澤相互輝映的。

余秋雨先生說,「在較高的人生境界上,彼此都有人類互愛的基石,都有社會進步的期盼,其實在激烈的對峙也有終極性的人格前提,即使再深刻的嫉妒也能被最後的良知所化解。」此言不謬,人生境界的提升與社會進步具有相互關聯,溝通的障礙終將被良知化解,人間互愛的基石至關重要,它為人們的交往構築了穩固的平

台。

「甘草能和百藥」，我很欣賞甘草的內涵，它相容的能力十分
強，在人際交往的生活世界，捕捉甘草般的智慧，可以遍采眾長。
在「和百藥」的過程中，「甘草」也在不斷地調整自己，適應生活
的變化。

甘草的和氣是內在的，「和為貴」，人們的和氣乃是形成和諧
氛圍的重要條件，更何況，人生因為情緣而激發力量，無論親情、
友情抑或愛情，如果沒有這樣質樸的感動，我們很難找到艱困奔波
的價值支撐，很難品味繁忙之後的甘甜。有時候，人們從陌生中找
到熟悉的存在，在不浪漫的浪漫中令淡淡的感受噴湧而出，人生的
情緣往往如此。

用真正的知識改變命運

　　知識是人類改造世界的經驗結晶，作為確定的存在，對將來的生活實踐具有啟示意義。人們掌握知識，以之改善既往的生活，因而十分有用，知識的來源大致上有兩種：書本和生活履行，兩者從不同角度對知識的探求者有所助益。「書到用時方恨少」，缺乏書本知識，信奉「讀書無用論」，以「大老粗」自居，往往證明人生眼界的淺薄。缺乏生活世界的實際經驗，則可能奉書本為圭臬，問題是確定的知識隨著時代的發展推陳出新，「盡信書則不如無書」，把持陳舊的知識理念而拒絕感受窗外新鮮空氣的人是故步自封的腐儒。

　　古今成功者多是善學的典範，商湯以伊尹為師；唐太宗以魏徵為鏡；劉秀在軍中手不釋卷……學在勤，貴有恆。蘇秦「引錐刺股」，甯越「所學倍人」，匡衡「鑿壁偷光」，車胤「囊螢照讀」，范仲淹忍寒挨餓求學，宋濂借書自修，呂蒙「篤學掛帥」，狄青以兵書為貴……他們深知知識的價值，不廢光陰地刻苦攻讀。掌握知識的程度是勝敗的重要原因，在某種意義上，權力來自知識的運用，一旦擁有知識，就會明白知識為力量的珍貴，繼而競賽似的「充電」，不斷充實自己，在對知識的獲取中感受未來的曙光。

　　一段題材有深度，有震撼力的短片：其中有一對住山裡的姐妹，因為家裡窮，只有一個人能念書，母親讓她倆抽草籤，抽著長的念書，另一個則在家種田，結果姊姊抽了短的，因此輟學了，妹妹後來考上一所大學，姊姊整天在田裡耕作，鏡頭下的反差非常強

烈。

知識對個人命運的改變如此明顯，也如此殘酷。知識改變命運，人生的路徑往往在關鍵處發生改變，尤其是當知識本位得到人們的認同時，擁有知識的層次成為世人衡量外物的重要標準，決定審視對象的社會價值產生之可能。

「流水不腐，戶樞不蠹」，領悟知識是長久之功，「活到老，學到老」，因為一天不學自己知道，兩天不學對手知道，三天不學誰都知道。對具有不同資質者而言，掌握知識的起點有所不同，但學無貴賤，「有教無類」。子張和冉雍出身微賤，終成孔門弟子。

在知識經濟時代，知識漸成核心力量，遭到他人的鄙夷未必因為缺少財富，很可能因為缺少知識，而之所以得到超越，往往因為廣博的知識或處世的經驗。如果觀念落伍、目標模糊、緊張自卑，極易遭遇困境，為此，務必清楚「需要突破」與「必須突破」的生活目標。每個近期的目標如同一間旅店，只是臨時的棲居之所，而生活一直「在路上」。更何況，「腹有詩書氣自華」，知識可以使人超越繁雜的瑣碎，建立自己的價值，使生涯從不確定走向確定，降低理想與現實的反差，提升生活品質和成功的可能，都要從知識的不同層面起步。

相對於知識的確定性而言，哲學是無形的，對知識的超越展現了哲學思維，對命運的理解也必經哲學思考而得以把握，哲學推動知識的轉換，使人們具備超越既往知識的自覺。在紛繁複雜的生活節奏中，人們對知識的把握應該採取不斷更新的態度，否則可能遭遇他人的淘汰。「淘汰自己」是對自身的挑戰，淘汰的並非自信和超越的能力，而是惰性、抱怨、無聊等消極因素，反思以往生活的問題，確定目標，居安思危，未雨綢繆。

知識改變命運，對知識的探索展現了人類的進取精神，從開發

潛能的角度看，愛拚才會贏，追尋知識的工作口號構成了攀登的背景音樂，永遠在心中悠揚。當我們擁有足以承擔某些事情的知識儲備時，不必擔憂前方的境遇，「其實地上本沒有路，走的人多了，也就成了路」，知識的擁有者可以「逢山開路，遇水架橋，」確實地把握自我與周遭的世界。尼采說：「聰明的人只要能認識自己，便什麼也不會失去。」在領悟與應用知識的意義上，我們應該擁有必備的知識，從容地展示知識的力量和品格，清楚地判斷自己把握知識的水準及與他人的差距，當命運得到昇華，我們「什麼也不會失去」。

數字理財觀念

　　當今已經進入數位理財時代，兒時聽鄰居津津樂道的出門時將鈔票藏於內褲之舉，如今大概等同於落伍之詞，很多事情都可以透過一張張卡片加以解決。無論是外出旅遊還是在商場購物，任何小氣甚至迂腐的動作都可以得到遮蔽，即使某張卡片不慎丟失，只要密碼沒有洩漏，大可不用著急，這比以往進步多了，數位理財時代透過網路使未來的貨幣發生重大的變化，直接影響人們的日常生活。

　　人們對紙幣的討論為時很久了，先是說傳播疾病、容易損壞，記得媒體曾報導過一位長者把錢埋在地下，挖出來時都腐爛得不堪使用。各種版本的假幣繼而造就了驗鈔機市場，使人為之惶然。數位理財技巧解決了類似的問題，並賦予現代人更多的隱私權，各種卡如今遍布各個角落，學生去餐廳吃飯，在職或退休人員支領薪資，繳電話、手機費……大概手裡總要拿張名稱樣式不同的卡，習慣成自然。對很多事情的統計方法也日益先進，每年都有尼爾森、美蘭德等調查統計數字給人們提供參考，他們不顯得枯燥，人們在對數位的解讀中了解目前的動態，從似乎不夾雜感情的數字上獲得採取未來措施的新理念，根據數位統計的階段、比例、差距尋找操作的理由，很多工作就是制碼、解碼和解碼的過程，奧妙盡在其中。

　　信用卡誕生於將近100年前的美國，當時的零售商店和餐館為吸引老顧客，發放徽章或塑膠卡片，顧客可以憑藉它們賒購商品定期

付款，這一招很有效果，後來許多銀行都普遍借鑑於此，那是20世紀50年代的事。信用卡逐漸出現時起初人們還不太適應，現在一切順其自然了，站在提款機前，人們享受了數位時代的美好感覺。

　　但卡畢竟不是萬能的，對實際上承載銀行主要業務功能的信用卡來說，銀行在競爭日益激烈的時代千方百計地透過它們提高信用，持卡人出門辦事時畢竟方便也灑脫得很，再也不用為口袋裡的鈔票是否還在而提心吊膽了，在使用卡的意義上，我們是平等的，儘管其中的內容仍然微妙得很。

　　數位的理財觀念使人們對資金的使用更自由，股票、基金等理財方式也為很多謀求以錢滾錢的人們提供了機會，以往捉襟見肘的時候不免要向人暫借，甚或容忍借貸者的臉色，如今大可不必。信用卡可以提前預支，預支的時候沒有絲毫的不體面，人們可以從容地享用數位時代的便捷。至於買房與買車的大額支出，預支的生活讓人感歎「房奴」抑或「車奴」之苦，但這種苦與樂實則相容在一起，就如同享有舒適的生活總要付出一定的成本。世上沒有什麼事情是可以隨便用「天上掉禮物」來加以形容的，我們在感受便捷生活的同時要認真努力地工作，在工作的過程中顛覆悖謬的資本的邏輯，因為很多事情的改變需要假以時日。在世界發展變化的潮流中，我們可以在享用數位時代的理財優勢的同時，改變這個時代仍然不利於個人自由與全面發展的深層問題，使周遭的生活得到理想的改觀。

　　在擁抱理想生活的過程中，我們可以自由地享用數位時代的種種好處，不必因為這個時代還有很多不完善而沉浸於以往的生活。特別是周遭的變化已不允許我們過於任性於自我的年代，我們要在保留個性的基礎上與時俱進，體會數位時代的意義及其潛質。數位時代拒絕孤立行走，人們必須在公共生活空間找到屬於自己的

位置，積極參與其中。「蝴蝶效應」告訴我們：南美洲樹叢中的一隻蝴蝶扇動翅膀所產生的氣流變化，很可能是北美一場風暴的最初動因。這種思考問題的方式絕非製造令人聳聽的危言，其意在於闡述普遍聯繫的法則，以及啟發我們探求在普遍聯繫的世界中應該如何把握自己的言行。比如在數位理財時代，我們如何用自己的「翅膀」扇起溫暖的氣流，感受每日走過身邊的行者。

迎難而上的攀登哲學

　　人生大抵是一段奔向希望山頂的行程，幾乎沒有誰生來就在山腳徘徊，他們可能在山腰徬徨，那是因為迷失了方向或失去攀登的決心。就其理想狀態來說，大多數人都是願意在「頂峰」領略「無限風光」的。「人往高處走」，「鳥往亮處飛」，這是世間的常態。對於尋夢的人們而言，或者在仕途執著進取，或者在商場融會貫通，或者在學海愜意泛舟，總要在超越既有的過程中豐富自己，以避免如水的光陰在沉淪中悄然溜走。

　　生活中大致有兩種人：一種人享受有限的生活狀態，以順其自然的態度面對未來的變化；另一種人時刻計劃未來，經常以挑戰的姿態享受拼搏。兩種狀態印證了兩句古話：「居安思危」和「不進則退」。居安思危的人往往能把握時代的脈搏，同時不斷地充實自己，他們關心時事，在自己的領域盡可能地進取，力圖在每次新的變遷中找到適合的位置；不進則退的人大都沉浸在柴米油鹽之中，他們未必真正關注家庭的日常瑣事，而是對某件事情抱有癡迷甚至玩世不恭的態度，當然，他們大都很規矩，甚至可能得到主管的表揚，可是進取之心的缺失使他們退化了寶貴的創造意識，難於駕馭新的環境。

　　進取者固然未必獲得成功，安居者也未必不能等來提升的時機，但這種偶然的機率並不是安於現狀的理由。愛因斯坦曾說：「我從來不把安逸和享樂看作是生活目的本身——這種倫理基礎，我叫它豬欄的理想。照亮我的道路，並且不斷地給我新的勇氣去愉

快地正視生活的理想，是善、美和真。要是沒有志同道合者之間的親切感情，要不是全神貫注於客觀世界──那個在藝術和科學工作領域裡永遠達不到的對象，那麼在我看來，生活就會是空虛的。」可見，進取意味著生活的充實，更何況，歷史是不斷前進的，絕不會遷就僵化思維；慵懶者大都進入「逆水行船」的境地，他們經常抱怨社會變化太快，牢騷除了證明自己的落伍，幾乎什麼作用也沒有。這時候，只有重振追求的勇氣和力量，探求適合自己也適應周遭變化的生活方式，才能使事業的常青樹枝繁葉茂。

小說《人蟲》描繪了多姿多彩的社會生活中各行各業的菁英，其中有一則「買賣蟲」的故事。

> 主角為了妻子的事情與別人打架坐了牢，出獄時才知道，妻子改嫁了，母親氣死了，全世界似乎只剩他孤苦伶仃。正茫然無措時，以前的老師借錢讓他做點小買賣，主角很勤快，也整天琢磨著努力做事，在不斷「滾雪球」似的發展之後，生活道路逐漸平坦起來。但他並沒有感到滿足，「雪球」越滾越大，三輪車拉好了賣糖葫蘆；糖葫蘆賣好了開餐廳；餐廳開好了又經營工廠；工廠發展成資產不斐的集團，做起了跨國生意。在他辦公室的牆壁上始終掛著一幅字，簡潔的話語力透紙背：人往高處走。

毋庸置疑，在困難的境地仍然具有攀登的毅力，幾乎預示著不久將至的成功，生活中的很多事情看似「遊人止步」，實則隨著人們眼界的高低而呈現出不同的發展狀態，體認氣質、魅力、度量等個性特徵。

　　傳統農民最在乎老婆、孩子、暖床，出門就是一畝三分地。這種本分的態度固然有其優點，卻也束縛了超越的思維，他們也羨慕城裡的人，但從未覺得自己有朝一日可能過著那樣的生活。他們會做夢似的跟你說，昨天看見某個達官貴人了，達官貴人一口氣吃了十個饅頭。隨著時代的發展，他們完全可以調整自己的眼界，找到發展的方面，如今農民的能力和素質提升，農民成為白領的現象就很能說明問題。

　　所以，當我們看到不斷攀登的勇士「一攬眾山小」的時候，往往會感喟「應該他贏」。「謀事在人，成事在天」，固然道出環境之於人生奮鬥的意義，但「事」未經「謀」是難「成」的。志存高遠才能勇往直前，成功的前提在於調動成長的激情，昂揚追求的風帆，並拒絕原地踏步，別讓自己成為惰性現象，生活如果成為沉寂的死水，那是要發臭的。

四兩撥千斤

　　生活中閃耀著五彩斑斕的藝術，高難度的藝術創作被稱為絕活，讓人們在欣賞時歎為觀止，比如「四兩撥千斤」，以四兩的分量撥起千斤的對象，就有了傳奇色彩。

　　傳奇未必不可思議，在樹林裡奔忙的螞蟻，瘦小的身材能叼起比自己體重大幾十倍的東西。生命的靈氣蘊涵著高超的技巧，絕活因此具有追求的可能，即使達不到這種意境，至少可做到事半功倍，把周圍的力量凝聚成比普通累加值更大的合力。我們可以在生活中品讀這種高超的技巧，高手們以可能的方式促進不可能事情的完成，並將令人震驚的絕活視為平常之舉。

　　把握事物發展的規律，對人們處理日常問題意義重大，「事倍功半」與「事半功倍」以經驗的方式說明把握規律的重要。摸不到駕輕就熟的方法，可能費了九牛二虎之力，卻收效甚微，甚至做得越多收穫越少，付出與獲得不成比例是也；探知並愉快地穿行在便捷之路上，無疑減少不必要的坎坷，及早到達期待的目的地，捨遠求近是也。在南轅北轍與捨遠求近之間，不難做出選擇，問題是如何能捨遠求近。阿基米德說，「給我一個支點，我可以撐起地球。」若要事半功倍，必然要找對合適的支點，支點之合適遠遠超過支點之美，支點之美更多的具有觀賞意義，未必符合實用的標準。只有站在合適的支點上，我們才能自覺發揮潛能。

　　站在合適支點上的「四兩」不是一般意義上的存在，若要撥動「千斤」，務必成為濃縮的精華。不同的人們站在合適的支點上，

達到的效果並不一致，有人「二兩」撥千斤；有人「十斤」撥千斤；有人「萬斤」撥千斤，人們都在撥，但意境和結果迥異，這中間涉及到的方法與技巧，絕非一日之功。

　　沒有扎實的內功，是不可能輕易成為「四兩」的，學識、經驗、眼界等素質的具備，幽默、善解人意等魅力的支撐，精美、別致等包裝的襯托，幾乎為「四兩」所不可或缺，加之「無絲竹之亂耳，無案牘之勞形」的定力，才能將阻礙一瞥而過，將「千斤」看成一般的分量。「四兩」要撥起「千斤」，至少要有與「千斤」接觸的機會，繼而對「千斤」有所了解，盲目而莽撞地撥「千斤」，往往是不會成功的。當然，把握時機的「四兩」要投入，不能妄自尊大，或精於形式而疏於內容，切忌只坐在椅子胡亂用力，此舉即使以有「力拔山兮氣蓋世」之能的項羽所為，亦是白費光陰與力氣，歷史的奇蹟從來都不是誰一時衝動的荒謬所能改寫的。

　　賀歲片的創意大概有「四兩撥千斤」之能。賀歲片水準雖然有高有低，但整體上大都展現了三個要素：喜劇、明星薈萃、大團圓。賀歲片其實並沒有太多情節的創新，其特色在於形式的多彩。當擁有相當可觀的票房，成為觀眾認可的新文化時尚之後，我們承認它為新年時閒暇的觀眾提供了多元的文化選擇，如今有多少人保持著傳統的喜慶方式呢？怎麼高興怎麼過！只要能帶來歡樂的就歡迎：這就是評價標準！也是買方市場主導時代的道理。但娛樂市場競爭十分激烈，如果不能在內容上同樣獲得「四兩撥千斤」之效，賀歲片不用多久，就會遭遇類似人們對春節綜藝節目的批評。

　　「四兩撥千斤」，有時也可能是無意之舉，在恰當的時間、地點，一個合適的人力所能及地順利完成了一件事情，便可名垂青史，當然出於偶然，但對偶然的羨慕不會給人們太多的幫助，我們所要做的是如何釐清偶然背後的必然之路。以「萬斤」撥「千斤」

者羨慕「四兩撥千斤」，固然表達了某種情感，但並不能因此對能力有絲毫的提高，「臨淵羨魚，不如退而結網」，莫不如思考「四兩」之所以撥起「千斤」的緣由，繼而切實地提高自身的技能，不必在他人成功的時候慨歎。「有意栽花花不發，無心插柳柳成陰」，真的如此莫名其妙嗎？釐清事情發展的來龍去脈之後應該看到其中奧妙，世界上的事情大都如此。

出手見高低的學問

　　人們的能力是在累積中增強的，一段踏實進取的時光過後，在處世交往時，可能讓以往熟識的朋友耳目一新，「士別三日，刮目相待」。能力的增強與道理的掌握緊密相關，前者是後者的拓展，後者是前者的基礎，但懂得深刻道理的人未必具有高超的能力，眼高手低的事情在生活中並不罕見。看似灰色的理論之所以長成參天大樹，往往經受實踐的檢驗，不經實作的理論只是空洞的教條，其意義很難高估。出手見高低，正如我們在批評他人的品格時，更多的不是看其如何行事，而是看其舉手投足之間有多少惠及別人的善意？

　　「出手」帶著速度和品質閃亮登場，恰如非洲草原上羚羊和獅子的競技。寓言告訴我們：從夢中醒來的羚羊要完成的第一件事就是，比跑得最快的獅子還要快，否則就會被吃掉；獅子想得到美餐，必須比跑得最快的羚羊更快。在廣袤無垠的草原上，每天都演繹著驚心動魄的追逐，驗證優勝劣汰的自然規律。寓言中的羚羊和獅子奔馳著，在淘汰惰性的同時增強生存本領。在生活節奏快捷的時代，「出手見高低」發展為「出手見快慢」，有時候命運就在快慢之間改變了，這絕非危言聳聽，在商業領域尤其如此。商家為了在市場上脫穎而出，以各種方式將商品快速發售，在競爭中站穩進取的腳跟，以免被他人搶奪先機，頓足之時晚矣。

　　電視劇《大宅門》一開場穩穩地透露伏筆，孩子的笑、王爺的怒、御醫的癡、格格的怨、貝勒的渾，綿密地交織著。一個包袱

疊著一個包袱，一個衝突套著一個衝突，逐漸把矛盾推入最高潮。作者力圖平實地呈現交鋒，起承轉合令人感到蕩氣迴腸，明爭暗鬥之中不僅充滿精神的打擊，有的甚至是肉體的毀滅。歷史終歸是人的歷史，導演郭寶昌如同中醫把脈，把準了人性的脈搏，以此為中心，人與人之間的恩怨情仇就被賦予了因果關係。「白家老號」的商海沉浮讓人深諳「出手」的價值。當出手神速而見效明顯的時候，人們往往能夠感到「好風憑藉力，送我上青雲」，而人們在共同出手的時候凝聚的共識、向心力與「夥伴意識」，使同一條船上的人們發現彼此的長處，產生安全感，在紛繁複雜的人性叢林中轉換心境，鋪設對話的平台，從而朝著最有利的方向調整。

而各種原因沒有出手的人們大多錯失機遇，所以，幾年前有一首「江湖」氣很重的歌流行了，「該出手時就出手啊，風風火火闖九州啊」。這句自我陶醉的歌詞蘊涵的是朝氣、熱情和鮮血的溫度，是脫穎而出的氣魄。出手水準不同的人境界往往不同，手低的人眼界都不低，他們可能不明白失敗原因何在？歷史上的趙括就是如此，生活中的趙括對事情的分析頭頭是道，而其執行力之差令人詫異。

手高的人大概有兩種：一種在恰當的時候出手，將以往苦練的功力爆發出來，處世游刃有餘恰到好處，使漂泊的平凡人引以為崇拜的偶像，其暢快淋漓的張力彰顯英雄之姿，不愧為強者之稱謂也；另一種出手更為慎重，他們的博愛情懷具有隱逸的道德力量，唯恐在出手的時候傷了他人，他們慎重地出手往往不因為個人恩怨，而源於對他人苦難人生的同情，他們絕不肯為私事打擾摯友，當艱難世界的聲音敲擊他們耳鼓的時候，他們定能躍身而起，在千里的馳騁中積極奔走，不計報答與感激，為的是活出人格的境界。

當然，上述兩種高手只是說明技藝與境界的關聯，日常生活

中人們探求在利己的同時利他，當知識、財富和健康的儲備使自我
實現成為可能時，人們終將在他人的幸福中感受自己的快慰。若在
脫穎而出之後，一朝得意就變臉，則為手低者所不齒，這樣的高手
何高之有？如果手高只是滿足私欲的手段，又與他人何干？至於手
低者，若滿腹經綸，可在安坐書齋之餘，觀察並描繪實踐世界的風
景；若胸無點墨，務必慎重出手，避免以班門弄斧之窘態為高手引
以笑談。人生境界的產生凝鑄著出手的價值，在這個意義上，真正
的高手從不與低手過招。

當人們明知很多事情的真偽，卻因為各種原因而文過飾非的時候，
表面看上去，似乎在以說謊的方式欺騙他人，
其實在欺騙了他人的同時，說謊者也欺騙了自己。
欺人與自欺很多時候都是一致的。
在都市的滾滾人流中，很少有人自認為是白癡或無能之輩，
可是很多人的聰明離智慧還有很大的距離。
在這一點上，成人有時候並不比孩子聰明。

黑與白之間的辯證法

　　兒童的眼睛十分明亮，他們知道黑的是黑的，白的是白的。大人並不是不知道，只是他們接受的觀點是：世界上沒有絕對的黑也沒有絕對的白。這樣，很多事情都得用模糊的眼光去看，比如做了缺德事可以被理解為迫不得已，黑白相互交融，謬誤被認為具有合理因素，赤身裸體的皇帝也好像穿著世界上最美麗的新裝。事實並非如此，黑的終究是黑的，是非之間不難分辨，當正義拒絕靈魂的墮落時，冬天過去是春天，黑夜醒來是黎明。

　　很多反腐倡廉影視作品在黑白之間豎立了一道牆，劇情連環起伏，希望是溫暖的，基調大都悲情而凝重，欲望、貪婪構成了異化、焦灼，但人類美好的生活態度不能丟失，悲與喜、真與假交織在一起。鑼鼓聽音，劇中呈現的生活意義挖掘出浮華背後的世界。很多反腐倡廉作品之所以以鉅筆表現正義的崇高，展望人心所向的必然趨勢，從而給觀眾帶來希望的光澤，在於黑白之辨是人類必經的思考。個體一步步走進泥淖的過程與其浮躁的奢望緊密相關，特權而無廉能意識可能把人推到無法回頭的境地，的確是得不償失的。

　　黑白之上有乾坤，黑白不難分辨，「是非自有公論」，對社會關注的問題並加以現實地表達，不僅展現精緻的構思，也寄寓了激情和想像力，緊湊的情節讓人感嘆生命意義，藝術表現上虛實互補、前後互襯深化了作品的主題。現實手法的描述呈現出很多遊戲規則，遊戲規則無聲地說明問題，令人仔細探究，探究過後是無盡

的歎息，面對浮華世界的誘惑，明知前途艱難而仍然勇猛向前的熱情十分珍貴。「上有好者，下必甚焉」。管理者在欲望、誘惑、沉醉面前應該把好關，對部屬運用權力建立一個期望的行為模式，走上清新的超越之路。

對黑白問題的審視涉及人們對真實問題的判斷，當人們明知很多事情的真偽，卻因為各種原因而文過飾非的時候，外在以說謊的方式欺騙他人，實則欺騙自己，或曰欺騙與自欺是一致的。張志揚先生指出：「欺騙者走過來，是因為被欺騙者迎了上去，至少是他內心潛伏的生存需要遮蓋了心智，要不然，欺騙者說『我是為了你好』，被欺騙者就不會信以為真。欺騙者並沒有強迫他，相反，欺騙者往往說出種種困難去勸阻已經鼓動了的被欺騙者的欲望。一來是欺騙者愈擺脫愈接近欺騙的目的，二來是被欺騙者愈意識著自願愈陷入自欺。前者以否定的形式肯定著，後者以肯定的形式否定著，雙方處在一種逆向加強中構成欺騙的同一格局，或者更確切地說，否定欺騙的自欺格局。」換言之，無論是欺騙者還是被欺騙者，他們在欺騙與被騙的過程中承受的都是自欺。

欺人與自欺一致說明，自欺欺人對欺騙的揭示十分深刻，幾乎沒有欺騙的人是不自欺的。樂於暗箱操作的人儘管很聰明，無所不用其極，但他們所充當的重要卻不光彩的角色耐人尋味。他們透過生活中的蛛絲馬跡研究其欺騙對象的性情癖好，發揮察言觀色的看家本領，然後把財色做成「糖紙」，包著炸彈轟擊之，表面上可能獲得暫時的成功，實則以心靈的平靜為代價。這樣的人心中是不可能有一泓平靜的湖水的，人們為此要保持必要的警惕。

在都市的滾滾人流中，很少有人自認為是白癡或無能之輩，可是很多人的聰明與智慧還非常不足。成人有時候並不比孩子聰明，尤其是對待未必功利卻不可或缺的價值的時候。很多看似不分黑白

的人往往都接受過高等教育，社會大學讓他們增進了很多見識，也懂得了很多的遊戲規則，但黑白之間的差別並非遊戲規則能夠排除的。費孝通先生說：「教育的目的應該是提高人民的素質。可是，素質又是什麼呢？……我說主要就是懂得做人的道理。」很多成熟的管理者坦言，「做官一張紙，做人一輩子」，在謀大官與謀大事之間，成就大事是追求的根本，人們成就大事以分辨黑白為實現其價值的重要條件，道理正在於此。

天無絕人之路，只要看對方向並執著前往，
縱是山重水複，必將柳暗花明，
走路是一種動作，開路卻是卓然的創新，
能不能找到路，走得好不好，與個人的眼界有關。
在超越人生坎坷的過程中，不要怨天尤人，
也不要抱怨人生的艱難，只要看準方向並執著地前往，
生活自然會為勤勞而睿智的人指明方向。

山不轉水轉

　　有句話說「山不轉水轉」，與其在山路上走不通，還不如試試水路，「風不轉哪雲也轉，水不轉哪人也轉」，沒有闖不出的困頓。在強手如雲的世界上，沒有絕對的強弱之別，只有相對的強弱之分，因為每個人的特長和社會分工都有所不同，誰的頭頂上都有一片藍天。在超越人生坎坷的過程中，不要怨天尤人，也不必抱怨人生的艱難，帶著生活的指南針，「山不轉水轉」，我們遲早要帶著與時俱進的生存智慧成就未來。

　　「轉」是生活的手段而不是目的，無論選擇怎樣走路以及走什麼路？最終都要靠雙腳一步步踩出來。改變走路的方式展現了跨越困境的豁達，特別是知識經濟發展對人才提出新的要求，迅捷地整合自身的知能令人們刮目相看。在秉持傳統心態的人們抱怨「錢越來越難賺」的時候，很多青年才俊的收入著實不菲，昔日的長者意外地請教學生發展的契機，別是一番滋味。諸如此類的事情多起來，人們的心態應該更為豁達。新生代總會有很多新規則，比如網路經營與傳播刺激了很多傳統行業，很多人足不出戶就能獲得不俗的業績，其前提是轉換審視社會發展的視野。新生代當然也以社會需求為基礎，新的工作型態並不能代替工作目的本身，不必在展望前方的時候霧裡看花，因為腳下是踏實的土地，土地上轉變觀念的辛勤的人工作著。

　　辛勤的人應該具備多方面的才能，因為社會生產部門不再是依靠人工的工作場所，一個生產流程涉及很多種類，「一專多能」

者當然非常搶手，「藝多不壓身」的理念不僅不過時，還透露著時
代氣息，在競爭過程中尤其如此。將專業技能發揮到藝術境地，極
易贏得成功，但藝術般的專能並非人人能夠勝任。人們延續著平
庸的日子，羨慕他人「藝多」，實乃生活常態；也有人悄然深造自
己，逐漸找到全新的生命春天，確實值得肯定。在轉動人生輪盤的
時候，自信十分重要，如果肯定自己的能力，自然充滿朝氣，如果
覺得自己是無能，注射多少興奮劑也無用。天道酬勤，只要一心向
善，執著拚搏，生活一定會「芝麻開花節節高」。

　　天無絕人之路，只要看準方向並執著前往，縱是山重水複，必
將柳暗花明。走路是一種動作，開路卻是卓然的創新，能不能找到
路？走得好不好？與個人的眼界有關。再寬廣的路也得一步步走，
再狹窄的路也一直通向遠方，曾有一句流行語經常被套用：只要怎
麼樣，人生之路就會越走越寬廣。如果把「怎麼樣」去掉，讓人們
填空，會有很多精彩的答案，比如「只要你心裡有一把金鑰匙」，
這把金鑰匙需要用心領悟。

　　在人生旅途上，很多人迷路的原因是手中沒有路線圖和指南
針，路線圖靠客觀的考察，指南針靠心靈的知覺，但不要在迷途失
望。有人抱怨坎坷是磨難，有人在披荊斬棘之後，道出一句極有力
量的話：所有的坎坷都是路！其境界之異極易得見。

　　禪曰：「任憑你三尺大雪，壓不住一寸靈松。」靈松之所以
「靈」，內在智慧使然。土耳其民諺云：「每個人心中都隱伏著一
頭雄獅。」這與「人人皆可為堯舜」有異曲同工之妙。人們應該發
覺潛力，超越困頓以塑造人生的輝煌。因此，聲稱具有情緒化人格
者應該對人生加以診治，生活是豐富多彩的，每個精彩事實的發生
都有其原因，「瓜熟蒂落，水到渠成」，在不適宜的時空裡強求，
往往會鑄成人生的悲劇。

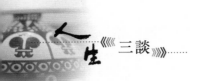

　　在審視人生前景的時候，應該對複雜情勢加以變通，「變則通，通則久」，而不能在迷濛中陷入困頓，即「山不轉水轉」是也。時而看到路時而看不清路的感覺使人生處於可走可不走的狀態，如果把這種狀態定位為性格，那麼，它同樣可以決定命運，擦肩而過的事情往往都是在無意識中發生的，缺少「山不轉水轉」的心態和執著進取的雄心壯志，人們或許覺得自己非常聰明，躲過了汗水流淌的過程，殊不知，已經成為夜盲症患者，應該多吃魚肝油，以及精神的鈣片。

心急吃不了熱豆腐

　　山是一層層爬的，路是一步步走的，凡事欲速則不達，正如心急吃不了熱豆腐，很多人辛勤跋涉之後感到事與願違，原因正在於此。對孩子的教育尤其應該講究節奏，以經驗勸導其踏實進取當然有益，憑經驗束縛孩子的腳步則大可不必。孩子的眼睛大都是雪亮的，他們單純的眼眸中透露出沒有被汙染的澄澈。我喜歡領悟這種澄澈，但現在他們的眼眸已經透不出多少聰慧了，因為他們中的很多人並不快樂。重要的原因是他們不會玩了，每天周而復始地奔走於家庭與學校之間，猶如表演室內劇，跳繩、捉迷藏之類的遊戲漸行漸遠。

　　他們當然也要玩遊戲，只是遊戲主要從益智角度著眼，益智遊戲並沒有使他們放鬆，而加緊地鍛鍊他們的腦細胞，他們吃著補腦藥，然後坐在電腦前面跟著光碟的內容疲憊地打鬥，然後感到眼睛疼。這是遊戲嗎？於是他們不快樂，或者說他們根本就不知道快樂是什麼？儘管每次拿回「模範生」獎狀時，聽到父母稱讚的話語，他們也高興，但高興轉瞬即逝，因為他們說不清為什麼高興？因為快樂是別人的。

　　可是，他們不懂得如何表露自己的不快樂？生活水準提高了，學習環境改善了，他們是新世紀的小太陽，驕傲還來不及呢！居然還不快樂！

　　為了前途而犧牲玩的時間，算得了什麼呢？他們偶爾也娛樂，只是玩得很拘謹，他們能把清朝皇帝的名字倒背如流，儘管絕大多

數人不會去考古，但你要跟他們放風箏，就會發現他們比二十多年前他們的父親笨得多，他們甚至能講明白風箏的構造原理，就是不會從一支風箏的飛翔中感到快樂。

他們不願意承認不會玩的事實，當人們揭示這個問題的時候，他們可能不屑地撇撇嘴，什麼話都不說。一支風箏被風颳跑，纏在了樹上，這時候下起大雨，心裡什麼滋味？也有熱中於體驗快樂的孩子，他們知道什麼是快樂，但書包裡沉甸甸的分量不允許他們「任性」，他們要在鬱悶中轉移快樂；也有知道快樂為何物而不選擇快樂的孩子，他們是早熟的標本，他們都很刻苦，甚至成為人們在某方面學習的楷模，但他們生活的質感令人疑問，生活的意義令人困惑，他們逐漸渾濁的眼眸令人感到非常憂鬱。孩子應該是天真的，他們不選擇快樂而秉持懂事的姿態，往往出於對父母價值觀的認同，因為他們聽話，他們知道父母是愛他們的。問題是父母即使出於愛，也不應該過多地干涉兒女的追求，因為時移事易，以既往的經驗干涉時代發展中的選擇，其結果可能是相反的收效。

青年畫家胡蓉以民俗風格見長，她認為教育孩子無外乎「籠養」和「放養」。「籠養」出來的孩子往往失去天分，逐漸忘卻思想和創造力；「放養」的孩子不墨守成規，他們手裡拿的都是自己的餅，一輩子吃別人嚼過的餅的人強迫孩子重蹈他的覆轍，是很悲哀的。無獨有偶，徐保耕先生曾談及雲南一些少數民族之間的「成人儀式」，當兒童長到十六七歲時，被大人們驅趕同時也是鼓勵著渡過水潭，獨自到對面的荒山野嶺中與野獸共處幾日。當這些青少年男女拖著疲憊、飢餓、骯髒的身體回來時，人們燃起火把為之祝賀。這個儀式的象徵意味當然不是有些只具象徵意義的、形式上的成人儀式能比擬的，經過幾日荒山野嶺的艱難人生，他們自然會懂得很多以往不懂得的道理。

　　心急吃不了熱豆腐，吃快了就燙嘴，然後影響食欲。面對誘人的目標，誰也別想一口吃成個胖子，因此，紳士吃飯很斯文，他們知道燙嘴的滋味難受。在這個意義上，人生需要沉穩，應該尊重孩子快樂的權利。孩子的生活細節可能是散落在草堆裡的針，但父母不要急於幫他們把針從草堆裡全部找出來，要讓孩子在尋找的過程中成長，繼而感到快樂。愛因斯坦之所以與常人不同，正在於具有草堆中尋針的沉穩。沉穩不免寂寞，但這樣的寂寞是生命的事實和快樂的源泉，成功者正是在沉穩的跋涉中走出平凡的世界。

口吃與解語花

據佛經記載，釋迦牟尼說法時口吐蓮花，聽者心悅誠服。對平常人而言，對釋迦牟尼的大智慧望塵莫及，但注意說話的藝術與交往的學問還是必要的。「良言一句三冬暖，惡語傷人六月寒」，用「良言」完善溝通，呵護人性訴求的尊嚴，使他者得到安慰與讚賞，實乃明智之舉。在日常生活中，懂得知心且善於表達的人被稱為「解語花」，在他人需要幫助與慰藉的時候訴以暖語；在他人需要讚美與支援的時候加以鼓勵，展現了人在群體中生活的價值，當得到他人的暖語與鼓勵的回應時，心中的快慰與幸福毋庸置疑。

傾聽一個人的話語，不難感受其冷意或暖意。心懷暖意的人不阿諛奉承，不裝傻充愣，關鍵時刻見真情明真意。而無骨的動物大都是冷血的，他們生活在人群中，不合適。有時候，一句良言可能改變一個人的命運，良言或許難入耳，但為的是以後感到甘甜。如果甜蜜是我們的終極追求，接受的方式艱難一點也無關宏旨，問題是這句話的確是句良言，它應該構成某種信念，並因此成為座右銘，令人在激勵中享用，遇到什麼煩惱的時候，想到這句話，冰河為之解凍，陽光為之燦爛。冷言冷語破壞了溫馨的語言空間，惡語中傷的日子是很難度過的，「打人不打臉，說人不揭短」，無用的冷言於人於己實在無益。

嫉賢妒能的人將別人的倒楣當作人生的樂趣，為此落井下石，在別人的傷口上撒鹽，沒有一絲暖意，令人極為厭惡。在原始森林裡，一隻狼遭遇困難時發出的吼聲，可以引來救援的群狼，牠們不

會四面楚歌，在夥伴受傷的時候，牠們叼來的是草藥以及清水。

　　有的人不具有某些狼的友善，關於「狼」的智慧之所以得到人們的重視，在於人們對於團體意識的渴盼。作為社會關係的存在，人之所以呵護他者，除了表達人文關懷的人性內涵之外，還在於他者的災難不見得不是自己的災難，他者的勛章上不見得沒有自己汗水的光澤，看別人熱鬧的人不見得日後不會被別人看熱鬧，對他者的關懷是自我完善的重要方式，是從「小我」走進「大我」的過程，而暖語善舉是提高生活品味的方式，應該將他者視為與自己平等的存在，「我與你」的對話是解語花燦然開放的肥沃土壤。

　　生活中有很多口吃的人，這可能不是他們的錯，也不是他們父母的錯。據說漢代以文章《法言》、《太玄》著稱的揚雄就是口吃的人，因為不能完整、流暢地說話，他採取艱深而晦澀的方式寫作。英國作家毛姆更是祈求上帝為其去掉口吃的毛病，無奈天不遂人願，他因此成了無神論者。可與揚雄頗為不同的是，毛姆的筆調輕鬆自如，他拒絕以揚雄的方式對抗口吃。在網路時空，很多不口吃的人成為口吃的追隨者，大概是以此自卑的揚雄和毛姆們所沒有想到的。他們大都受過高等教育，原來都說著一口流利的母語，儘管夾雜著不同的口音，可是每個生命的背後都充滿母語情結的回憶，而一旦接觸到網路，好端端的就不會說話了，東西叫「東東」，睡覺叫「睡覺覺」，吃飯叫「吃飯飯」，坐車叫「坐車車」，「囡囡」胸前要掛個「兜兜」，防止「飯飯」吃到「胸胸」，網路似乎使人回到童年。

　　遺憾的是，他們並沒有感到童年的溫暖，在別人眼中，他們成了口吃者。網上流行著很多時尚話語，「菜鳥」因頻繁更換的網路詞語而感到茫然。讓人擔心的是，網路有很多不受道德規範的問題，網路無德者在現實中可能並不是滿嘴荒唐言，可是他們在網路

撕開了平時披在身上的道德衣衫，盡情地胡說八道，其中一部分人在網路說髒話，這種用手說髒話的行為似乎印證了沙特「手是最髒的」的理論。

在實行健康生活的過程中，網路口吃者的舉止令人擔憂，反傳統、好奇和創造應該在與時俱進的文化角度展開，其實，對於類似的口吃，魯迅先生早就做過解答：「當我沉默著的時候，我覺得充實；我將開口，同時感到空虛。」因此，沉浸在網路空間的口吃者還是回歸日常生活世界的好。

人與人之間的關聯豐富多彩，有時樂於接近，有時樂於保持必要的距離，
人們對接近抑或距離的選擇體現了判斷力，
其出發點往往是對方呈現給自己的美感，
這種美感的呈現是一種生活藝術，
因此，人們對距離遠近的規定其實就是一種審美判斷。
愛情的審美判斷應該縮短距離。
即使是對擁有真愛的人來說，距離也可以改變很多事情。

情到深處的溫暖與收穫

　　人與人之間的關係豐富多彩，有時樂於接近，有時樂於保持必要的距離，人們對接近或距離的選擇展現了判斷力，其出發點往往是對方呈現給自己的美感，這種美感出於舉手投足之間的生活藝術，人們對距離之遠近的規定實則是審美判斷。人們有時不願意面對面談，選擇有距離的溝通方式，比如電話、傳真或網路，關注的全然是討論的內容，不必擔憂討論之外的舉動影響實際溝通，特別是在不了解對方實際的生活景況時，彼此無所顧忌地交流生活的煩惱或娛樂的情趣實乃樂事。因為如此，距離產生了美，有所遮蔽的互動有益於溝通。

　　據說如今風行某種熱線電話，校園的宿舍熄燈過後，可能有聲音透過電話傳來：「隨便聊聊，有空嗎？」於是兩個本不認識的人從天氣談到演唱會，不知不覺數小時過去了，聊電話時彼此仍不知道或不想了解對方何許人也？談了很多風馬牛不相及的事。很有感覺，然後可能還有電話打來，談另一些風馬牛不相及的事情，據說這是時尚，時尚者瀟灑地為自己安排遊戲、郊遊、戀人，盡情地享受青春，只要還有靠得住的家庭以供提金錢，將來就顯得很遙遠。距離的存在有時候縮短了距離，如果在距離的談話中感覺良好，可能閃電般地發生很多事情，比如釀造「短愛」，「週末情人」，然後很快忘記，周遭是短短的節奏，裙子短短的，戀愛短短的，流行短短的，感覺短短的，千萬別認真。時尚者的言辭往往是，「拜託不要談天長地久，我們都忙得很」。

　　真正的愛情並非「短愛」，它是固執的等待與期盼，「情到深處人孤獨」，情愛的歌謠往往被生活樸素的存在敲擊，然後將彼此深深地埋在心裡，任思念的秋水倒映出率真的美麗。愛情無需言語表達，而透過心傳述，可能平淡至極卻感人至深。

　　曾讀到一則平凡的愛情故事：

　　　　男孩對女孩說，如果有一碗粥，我會把一半給我媽，另一半給你。女孩因此喜歡上男孩，那年，他十二歲，她十歲。十年後，他們的村子被洪水淹了，他不停地救人，老人、孩子，認識的、不認識的，唯獨沒救她。當她被別人救出後，他輕輕地對她說：「你死了，我也不會獨活。」他們在那年結了婚，他二十二歲，她二十歲。後來全國鬧飢荒，他們用僅剩的最後一點麵做了碗湯麵，誰也捨不得吃，三天後發霉了。那年，他四十二歲，她四十歲。因為爺爺是地主，在那個年代，他受了批鬥，「造反派」讓她劃清界線。她說：「我知道他是好人，他愛我，我愛他，足夠了。」於是，她陪著他遊街，那年，他五十二歲，她五十歲。多年後，他們調回城裡，每天一起坐公車上花園，當一個孩子給他們讓座時，他們都不願讓對方站著，於是兩人手挽著手靠在一起，臉上洋溢著幸福的笑容，車上的人竟不由自主地站了起來，那年，他七十二歲，她七十歲。她說，如果十年後我們都老去，我會變成他，他會變成我，然後我再喝他送我的半碗粥，七十年的風雨滄桑，這就是愛情。

　　這樣的愛情別樣美麗，卻不關乎距離，他們的生活應該令信奉

「只在乎曾經擁有，不在乎天長地久」抑或「今朝有酒今朝醉，明日愁來明日憂」者感到精神上的奢侈。情愛的期待是一種境界，儘管有時很漫長，但漫長的努力為了溫暖的回報，靜靜地等待情愛田園的豐收，時光不會倒轉，凝望純真的情愛，執著者渴望找到恆久的美好，不會在情愛的嚴肅與詼諧之間遊走。距離可以改變很多短暫的事情，卻很難改變長久的存在。滿天的星星比不上月亮，甚至滿天的其他星星都比不上他喜歡的那顆。距離無法阻擋真愛持久地表達，智者之所以不牽涉雜亂無章的糾葛，跟妻子溫存一生，道理正在於此。

　　愛情的審美判斷應該縮短距離，不要為生活的緊張而犧牲快樂，在疲憊的時候共同尋找曾經的感覺，給對方溫情與感動，切莫「身在福中不知福」。「執子之手，與子偕老」，我們應該從《詩經》這樣的言說中讀懂溫暖與激情，把握距離的尺度，從而感受真愛的和鳴。

自由時光裡的幸福過剩

　　當時尚生活者感到「幸福過剩」時，他們渴望「回歸自然」，儘管「回歸」的方式很奢侈。他們戴上太陽眼鏡、穿上登山鞋、塗上防曬油，背著容納行軍壺、雨衣、地圖、指南針、手電筒、感冒藥、貼布、止痛片、消炎藥的旅行背囊，然後興高采烈地「野外生活」。「野外生活」者有的過於矯情，有的則「玩的就是心跳」，他們在選定方向之後，沿著人跡罕至的路線前進，成為「景區暴走族」，在風光旖旎的山區喝山泉、數星星、聽溪流，忘掉往日的疲勞和乏味，鍛鍊自己的身體和意志，實實在在地體驗何謂不甘平庸。

　　「野外生活」不同於普通旅遊，性格各異的都市「魯濱遜」集結在「孤島」上，人在畫中游，優雅地享受交友的快樂，培養適應能力，沉醉不知歸路。「野外生活」或「都市暴走」展現了自然的張揚，在崇尚簡單的過程中從自然中找到自己，面對變化萬端的時尚，與其費盡心思地追逐，不如平靜地忘情於山水之間，依稀地品嘗歷史的味道，聆聽古蹟傳來的聲音，從而形成新的文化景觀，在「回歸」之後重塑未來的生活。

　　專家研究資本家剝削工人的祕密，剩餘價值的發現堪稱世界經濟學史的里程碑，工人不甘於遭受資本家的奴役，他們要在必要工作時間之後享受自己的自由時間，在自由時間裡完全發展自己，在「某類生活」中獲得自由交往的契機。以「自由時間」取代「剩餘時間」，是工人重獲自由的重要方式，但擺脫「剩餘時間」的困擾

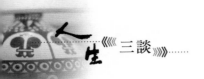

之後，問題仍然存在，即人們如何利用屬於自己的「自由時間」。如果人們將自由時間揮霍在無聊的事情上，使生活產生負價值，實為令人遺憾之事。毋庸置疑，人們應該認真地思考使用自由時間的問題。

時光如流水，自由時間也不例外，當對自由時間的享用成為人們把握自由與全面發展的權利，人們不能將其揮灑在無意義甚至低級趣味的人生遊戲上，降低生活品質和生命境界。生命的價值在於精彩或充實，《圍爐夜話》中醒人語曰：「人生境遇無常，需自謀一吃飯本領；人生光陰易逝，要早定一成器日期。」務必在自由時間中發展自己，確定成器日期，切莫白頭時空悲切，只有著意開拓人生，才能從根本上解決「幸福過剩」的問題，哪裡是幸福過剩，實在是幸福的內涵與外延遭遇考量。

在必要工作時間過後，我們不再是都市的陀螺，而要做一個「完整的人」，感受生命的「總體性」，在對自由時間的享用中，把握何去何從，超越以往的劣勢，發揚以往的優勢，真正在自由時間中感受幸福。何況，「人生境遇無常」，只有在享用自由時間的過程中，才能降低遺憾的指數，踩對生活變動的關節點，以幸福的方式行走人生。

學會與磨難交朋友

　　「窮人肚子裡沒強筋」，這是外婆給我講述的一個道理，因為富人佔有更多的生產資源和生活資源，窮人大概只擁有自己。面對富人的慈悲，他們往往感恩戴德；面對富人自覺不自覺的耀武揚威，他們漸漸知道，爭執沒有太多的意義，富人沒有足夠的時間跟他交換道德訴求的答案。長此以往，有的人成為富人生活的附屬品，過上寄生蟲般的生活，踏上快速發展的「捷徑」，志向在他們的眼裡早就是過眼雲煙了。外婆的道理並非提倡坦然成為「沒腰骨」的窮人，而是要「活出個模樣來給人看」，在勤勞致富的過程中長出可貴的「腰骨」。

　　歷史是公平的，窮人不可能永遠窮，富人也不可能永遠富。使歷史規律在適當的時候合理地實現的導火線是「窮且益堅，不墜青雲之志」的人，他們不甘於永遠做弱者，「人窮志不短」對他們具有普遍的意義。人的發展固然不能夠擺脫其歷史背景，但智慧的魅力正在於使其超越以往的生活而達到可能的境界，出身不高的人「經一番寒徹骨」而成為時代菁英也並非天方夜譚，必然的方法當然是踏踏實實地努力，為人生奠定堅實的基礎，從而達到可貴的抱負，昂揚地散發一種不可或缺的精神。

　　在教室裡，曾經偶然地讀到一則勵志留言，充滿著「人窮志不短」的品質：

　　最新的計畫：上課認真聽講，積極回答問題；週六寫作業，週日洗衣服；如果有時間就學外語，從記英語單字開始。這一學期的任務：英語四級必須通過；第一級獎學金一定要設法拿到；盡量多找一些工作做；安全度過這一學期。假期在校打工四十天，存下每天賺的錢，把一學期的生活費賺夠。不管母親的病好與不好，你都要告訴你的同學：「我母親的病好了，我父親可以拿錢來供我上大學了。」

　　下一學期任務：爭取過英語六級；為第一級獎學金奮鬥；找一份工作，以給自己提供一個微小的資金來源；不要用寢室的電腦，免得惹人厭煩，如果實在想玩遊戲的話，每天不妨省點錢，一個月後去網咖玩個痛快。寒假時就不要回家了，當然這不意味著家對我來說不重要，其實我最想去的地方是家，最想念的是家人。不回家是為了生存。如果能力許可的話，最好到電腦商場找些工作做，當然，不能的話，就找粗重工作做。我現在所有的錢只夠活十五天，而且一天也不會多，卻可能更少。十五天內補助如果發出來，那就是我的最大幸運，父親給我的匯款最早也在兩個月以後，而且也絕對不會多，但願能夠兩個月的生活費。就算這些如願，假期打工不成，那又該怎麼辦？

　　這是一種無聲的傾訴，傾訴緣於某種實在的需要，更何況傾訴的背後還有更震撼人心的別的什麼：

　　「並不是我傻，並不是我笨，更不是我不會吃苦，我不會忘

記自己是伴隨著苦一起長大的。可是所有的生存問題讓我不安，有人說去當個家教；有人說去做些推銷；還有人說……可是口袋裡只剩幾塊錢，夠做什麼？有人說借，可是又向誰借？本來就有人看不起你，何況你能否還得了還是一個問題？總有人故意地欺負你、罵你，但為什麼單單罵的是你，而且是當面罵？只要你還有顆心，還是一個人，你就該知道……」

當我們的口袋裡有不知多少錢的時候，當我們不必為生計承擔太多的憂愁的時候，或當我們為過上更好的生活而飽受另一種「欺負」的時候，是否還有這樣的「一顆心」？是否還是這樣的「一個人」？是否還「知道」？在不屬於收穫和休閒的耕耘季節，生命中任何一段艱難的時光都會很快滑過，只要擁有一顆發憤圖強的心，就不會在空白中遭遇無聊的挫折。人生的歷史由自己來紀錄，紀錄者的態度決定他將在什麼意義上獲得人生，真正的磨難總是以它的無情使弱者的命運獲得價值的昇華。關鍵是恆久地保持「不墜青雲」的志向，因為志向可以抹平似乎不公平的外在條件，它與人生所必經的磨難一同成就了一個人。

在休閒時光中舒展個性

　　有一位媒體的朋友策劃辦一本有關「睡眠」的雜誌，初衷是現代社會使人們的睡眠異於從前，人們爭分奪秒地奔走於鋼筋水泥的都市，很少感受沉寂，據說有的人睡覺時還要睜半隻眼睛，找各種機會發表自己的觀點，發揮自己的能力，發掘自身的潛能，為未來的發展增添砝碼。但睡眠確實成了問題，或曰失眠者逐漸增多，在這個問題上，有關「睡眠」的雜誌務必找對切入點，針對人們致力於累積社會經驗、厭倦平淡生活的感觀，單純講述睡眠的益處，可能無法贏得市場，關鍵是從為什麼失眠的角度講起。

　　人們失眠往往出於思考，思考出於緩解某種壓力，為了在節奏快捷的時代得到認可，得到認可是生活的重點，日益成為藝術，這種藝術魅力不凡，且能提供人生意義，一個人完善自我並成人之美，不僅能夠切實地提升生活品質，還能建立良好的人際氛圍。問題是虛度了部分睡眠的時間，提升生活品質的目的何在？為了不睡覺嗎？應該是能夠睡個好覺。當奔波的忙碌是人們忘記求索的目的時，務必回家看看，恰如賺錢的目的絕不是為了賺更多的錢，而是用賺得的更多的錢改善眼前的生活品質。

　　人們捨不得睡覺，原因可能在於時光匆匆。由於人生苦短，人們意識到時間的寶貴，如果我們無法選擇時間的長度，那麼可以把握時間的深度。有意義的生命不在於長而在於好，如果生命的每一分鐘都具有足夠的品質，此生注定無憾。「一刻千金」，人生的每次努力每個選擇都應對得起「千金」，在這個意義上，飽食終日，

無所用心的生活一文不值。

　　教育家陶行知要求學生做「整個的人」，有良好的身體、獨立的思考和穩定的職業，為此做了一首白話詩：滴自己的汗，吃自己的飯，自己的事，自己做，靠人、靠天、靠祖先，都不算是好漢。這樣才不會在眨眼間度過古稀之年，古稀老者與黃毛小子的感受類似，足以證明生命的失敗。具有時間觀念的人非常注重時光的價值，他們善於計畫，也善於總結，知道跟無所事事的生活再見，因為人生還有很多精彩需要經歷。

　　對時間的看重就是對生命的看重，朱自清先生深情地說：「洗手的時候，日子從水盆裡過去；吃飯的時候，日子從飯碗裡過去；默默時，便從凝然的雙眼前過去。我覺察他去的匆匆了，伸出手遮挽時，它又從遮挽的手邊過去；天黑時，我躺在床上，它便伶伶俐俐地從我身上跨過，從我腳邊飛去了。等我睜開眼和太陽再見，這算又溜走了一日。我掩著面歎息。但是新來的日子的影兒又開始在歎息裡閃過了。」

　　生命何其匆匆，人生時不我待，切勿浪費自己與他人的時光，岳飛用澎湃的詩文吟唱：「三十功名塵與土，八千里路雲和月，莫等閒，白了少年頭，空悲切！」若要避免在白頭時空悲切，只有莫等閒，在人生旅途中努力追求。岡察洛夫筆下的奧勃洛摩夫整天躺在床上做白日夢，「早晨閃逝了，白晝已轉向黃昏，奧勃洛摩夫疲憊的經歷也轉向平靜」。人們因此不再虛度時光。

　　白日夢還是少做為妙，但缺乏睡眠也是萬萬不可的，林語堂先生認為，「安睡臥床」對身心皆有益處，「在身體上，這是和外界隔絕而獨隱」，在心靈上，則猶如精神的「大掃除」。人們的精神世界焉能不掃除？在奔波忙碌之後，人們應該懂得工作之餘的藝術，了解休閒哲學，休閒時光之所以被看重，在於對其享用是人們

拚搏的目的,只有在休閒時光中,人們才能自由地舒展個性,趨近可能的生活,周遭呈現暖色調,呵護人們快樂到天亮。詩人余光中說:「童真的兔子遙遙在前面,但鋼的節奏愈追愈接近,貼你的耳朵在腕上,細心地聽,哪一種脈搏在敲奏你生命。」在生活的周遭,「鋼的節奏愈追愈接近」,好在前方還有「童真的兔子」,而「哪一種脈搏」都在「敲奏」「生命」,我們聽時間緩緩流淌,當乏味襲擊生活的疲憊時,不妨將「耳朵」貼在「腕上」,踏實奔走的腳步。

快樂應為生活的底色

　　快樂是幸福人生的感性體驗，是對生活意義的舒暢表達，是穿越困惑、煩躁、無聊、痛苦以至於灰暗經歷之後的釋然。所以，可能的快樂往往構成人們超越坎坷時的支撐，人們之所以在最艱難的時候也有一絲指望，就在於將來可能有美好快樂的生活，每想及此，似乎總能感到身後產生一股推動自己前進的力量。儘管每個人都有快樂的感受，但方式、程度和內容有很大差異，比如悲觀主義者和樂天派看待同樣的事情可能得出相反地結論，原因在於視野和角度不同，這種對快樂的感知能力往往是衡量生活品質的重要砝碼。

　　在某天溫暖的上午，我在圖書館門前的石凳上看惠特曼的《草葉集》，朋友湯君過來說，我到處找你，帶你去個好地方。接著，我們來到教學樓頂層，然後，她指著窗外遠處那片藍天白雲，「看，那邊有一片海哩！」海？還沒等笑她傻氣，就被眼前的空曠震驚了。真的，在遙遠的天際，真的有一片藍藍的世界如同海一樣、廣袤無垠、浪花粼粼，還在不停地流動。不同的是，她被高高地鑲嵌在都市的高樓大廈中間，卻仍然以超脫和天真的性格，嚮往自由。

　　憑海臨風，我們在這美麗的童話般的意境面前感到生活流動的快樂，湯君說：我覺得柏拉圖式的天生麗質就是在這裡誕生的。是的，我們不妨試著同他們交流：這太美妙了，卻又那樣接近生活。漸漸地，「海」那邊似乎出現了草原、湖泊、山林、快樂的牧人，

當然，還有太陽的光照，世界在人們心靈的海洋中有這樣一筆！這些流動的快樂最終將透過我們的眼睛流向世界，為此，難掩的幸福如歌般瀰漫。

快樂如歌般瀰漫證明其並非出於人們的寄託，寄託的事情未必能成為生活的現實，它作為底色襯托五彩繽紛的生活，當我們以快樂的心態觀察和體驗世間的變化時，無疑伴隨著某種愉悅。

韋正翔博士曾經感喟：「生活原來可以如此有趣！」面對插在牛糞上的鮮花，樂觀、客觀和悲觀的視角會產生不同的感受，或驚異鮮花之美，或厭惡牛糞之臭，或平和地對待世間的兩種事物，快樂成為一種生活方式，而快樂的人眼中的很多事情「淡淡的，就很美」。

她曾經「寫那麼長的日記」，「耐得住那麼長時間的寂寞」，「流那麼多眼淚」，「傻笑那麼多次」，把很多輕鬆的表達視為「調皮」的體驗，「調皮」帶來的好心情會讓人有一種自信，就如同走入生活的動畫片，情感的體驗尤為「純粹」，「好玩的事情」是到處發生的，經歷很多好玩的事情時，「有站在雲端看世界的感覺」，感覺的背後是智慧的關懷。如同我們眼中的海一樣，快樂是一種美好的景象，她使生活的細節成為愉悅的根據。

徐悲鴻先生說過，我們應該經常保持微笑，因為微笑不需要花錢。整天愁眉苦臉當然不會獲得額外的收入，而善意的微笑可以將快樂傳遞給身邊的人，有涵養的人因此始終保持笑靨。更為重要的是，持久的快樂依靠因道德的持守而贏得自尊，以及因超越世俗煩擾而獲得精神的幸福，而「最好的方式是去追求崇高」。

據說，「快樂就是某種微量蛋白質起的化學反應」，如果確乎如此，人們無疑是需要這種蛋白質及其化學反應的。因為那更接近人生價值的存在，以快樂的方式聆聽智慧的心音，在這樣的存在中

詩意地棲居，對生活的感念毋庸諱言，更何況，周圍還有溫暖的陽光。

　　將快樂作為生活的底色，懷著憧憬去把握人生，意味著從一個劇場奔向另一個劇場，舞台上上演的並非都是喜劇，但觀眾沒有灰暗的心情，即使在對悲劇的品讀中也能找到慰藉靈魂的人格美。錢鍾書先生說：「快樂在人生裡，好比引誘小孩子吃藥的方糖……幾分鐘或幾天的快樂賺我們活了一世。」如果真是這樣，那也意味著那「幾分鐘或幾天的快樂」乃是人生的至樂，我們應該以快樂的底色襯托多彩的人生，在滿懷希望的憧憬中，等待或迎接人生至樂的悄然降臨。

生活「此處」的人總是在嚮往「別處」的生活，
或者總是沉浸於「別處」的狀態之中。
智者從「別處」中領悟「此處」的光景，
將「此處」不可獲得的存在於「別處」中加以領略，
這種貫穿在「此處」與「別處」的學問實在是一種生活的智慧。
但是對於大多數人來說，這種智慧的修練不是一日之功，
人們往往在嚮往「別處」的時候忘記了「本色」的魅力。

生活的「此處」與「別處」

生活在「此處」的人總是嚮往「別處」的生活，或者總是沉浸於「別處」的狀態之中，這關乎人們的思想與空間感覺的內在關聯。「別處」似乎準確地點中了現代生活的關鍵，其真實被紀錄與行為著，比如酒肆之間的聊天，總讓人感到身處「別處」，對話在恬適的氣氛中舒展，無論哲學智慧抑或思辨方式，這樣的聊天總要不同程度地離開「此處」。

林語堂先生對這種交流情景的描述頗有韻味：「毫無疑義的，我們在高尚的談天時，須有幾個女子夾雜在座中，以使這談天可以具有必不可少的輕倩性。談天如缺乏輕倩性和愉快性，即變為沉悶乏味，而哲學本身也就變為缺乏理智，和人生相隔離了。」其意境不難想見，與一群友人傳杯換盞，言語的恰切與錯位乃是日常奔波不可能體會的，而酒入口中那種因刺激而出現的既痛苦又歡樂的表情，哪裡是一兩句話可以概述的？

關於「別處」的行為大概有踏實與浮躁兩種，踏實者從「別處」中領悟「此處」的光景，將「此處」不可獲得的存在於「別處」中加以領略，這種貫穿「此處」與「別處」的學問實在是一種生活的智慧，其高明毋庸諱言。浮躁者的景況則不妙，浮躁極易空想，空想而不能實現則陷入疲憊，疲憊而無所得則可能編織一張惡性循環的羅網，然後置身其中，難以擺脫困惑。浮躁者覺得其嚮往的事情還沒有真正開始，實際上已經正在逐漸消失，浮躁的「別處」很可能擾亂了「此處」的生活，「此處」與「別處」的關聯成

為某種糾纏。

　　「別處」的生活當然有對美的追求，人怕歲月催人老，總會留意皺紋、雀斑或白髮是否滄桑了自己的容顏，亦有人不滿於質樸的容顏，或抱怨上蒼未賜其美貌；或擔憂自己跟不上都市流行的節奏，於是頻頻光顧美容院，體驗科技的高度發達。曾遇見以往的一位朋友，寒暄過後，覺得哪兒有點不對勁？仔細端詳，才發覺對方的眼皮上憑空多了一道皺紋。當然，這皺紋被認為是美的標誌，很多人嚮往的。據說這種改觀提供了美的視覺，對人造美交流的結果是，沒有這道皺紋者時不時躍躍欲試，以給自己或別人一種驚異，等哪個親戚哪天會歡喜地說，這孩子越長越漂亮，連雙眼皮都長出來了！

　　總之，單眼皮是越來越少了，在美容異常發達的時代，返璞歸真很難，美容院的廣告清楚明白：無痛苦，不住院，隨美隨走。人們自由地修改著自己，隆胸、墊鼻梁、紋身……當然也可以割雙眼皮。問題是單眼皮怎麼就不美呢？以人體整個輪廓來看，眼皮的單雙微不足道，如果說「眼睛是心靈的窗戶」，那全在它有沒有神采，透不透著「秋波」，與眼皮構造毫不相干。製造雙眼皮的人們大都是美的Fans，看葛優、梁家輝們極具傳情之能事的眼睛，可能陶醉得很，毫不在意他們是單眼皮。從創意上考慮，第一個割雙眼皮的人或許是有個性的，效仿者的行為就很難被歸屬於個性之舉了。後天雙眼皮者某天可能在大街上遇著一個單眼皮的女孩，一身休閒，不施脂粉，突然覺得對方時尚得很，在一群標新立異的人們中間，保持本色是最標新立異的了：雖然無法揣摩其所思所想，但我知道她不自卑，不自卑是何等的重要。

　　藍眼睛也是一種美，亮亮的，可是後天雙眼皮者只能羨慕，她們多少有些抱怨科技沒發展到為眼睛自由染色的地步，不免是個遺

憾，但她們有辦法消除忙碌過後的無聊，比如體驗紋身、吊帶裝、
中性風貌……以減少遺憾的色彩，人們轉換著視覺的焦點，誰也不
看誰的眼睛。有人天生是「賊眼皮」，「賊眼皮」的好處在於不知
什麼時候單眼皮變成雙眼皮，也不知什麼時候雙眼皮變成單眼皮，
這說起來似乎繞口令，但卻很有理由成為時尚，只是苦於難以模
仿。至於如何將單眼皮或雙眼皮割成忽雙忽單的樣子難度太大，大
概就放棄了。後天雙眼皮會滿不在乎地說：「連眼皮的單雙都不穩
定，有什麼好？」說這話的人這時候已經悄悄離開「別處」，回到
討論柴米油鹽的「此處」生活。

城市的冬天蘊含著暖意，這種暖意來源於最平凡的生活細節，
可能來源於親人的一個微笑，也可能來源於與陌生人一次善意的相遇，
因為源於樸實的感動，於是很難得。
獲得城市冬天的暖意得益於生活的藝術，
高爾基說過，「每個人都是天生的藝術家。」
如果不再惦記快節奏的生活所帶來的諸多煩惱，
城市裡再寒冷的冬天也會讓人感到幸福。

感受平凡生活裡的溫情

　　城市冬天讓我們感到擁擠，厚重的棉衣使人膨脹，這種擁擠往往是善意的。公車上人擠著人很暖和，飄飄灑灑的是車窗外的雪花，耀眼的顏色憧憬不會遙遠的另一個季節。在某個冬天，一首詞曲都不算優美的歌在我曾經居住的城市流行了，漂亮的大陸東北女孩成了「酸菜」的名片，這不得不讓人懷疑這座城市的冬日情緒，人們正在意明天會不會降溫，專賣店的服裝是不是大幅度降價。

　　人們的腳步越來越快，所有的記憶是，這座城市的冬天不冷。當城市的冬天變得寧靜，如果不再惦記足以構成我們煩惱的問題，那一定是非常幸福的，比如把手機關掉，暫時忘記e-mail與.com，遠離疲憊，盡可能體驗自己的渴求，誰也跟不上時尚的轉速。這樣，就會感到為自己執著的意義活著，這時候看見商場外面的烤地瓜、冰糖葫蘆、糖炒栗子……簡直有發自內心的愉悅，然後，找一個很能讓自己回憶起童年的小餐廳吃餛飩，曾經的美好竟然抑制不住地襲上心頭。新年快要到了，我分別透過郵局和網路給支持和關心過自己的人們發祝福，因為，他們的支持和關心總是把我心裡某個灰暗的地方照亮。

　　然後，接到一個久違的電話，是遠在天邊多年沒見的少年時代的筆友，相約在附近的某個流行的茶館喝茶，那裡醞釀著最適合城市冬天的心情。可是，門吱的一響後，一個陌生人誇張地出現了，兩個人開始並不暢快的交談，時間和空間有時候會使一個人發生很大的變化，那個曾經無比淳樸的少年時代的筆友坐在對面，不再淳

樸的舉止令我感到無比的陌生。這時候突然發覺，窗戶上的英文字母跟樹枝上蹦跳的雪花幾乎構成同一個旋律，同樣張揚著快樂。在回家的路上，路過城市廣場的「太陽鳥」雕塑，有關另一個城市冬天的憧憬逐漸地清晰了。一個小時之後，在網上接到了朋友們精緻的新年祝福，他們提醒彼此記著給心靈放假，以舒緩的格調定格冬天的暖意，提供春天以更精緻的儲備，令人歡欣鼓舞。

　　獲得城市冬天的暖意得益於生活的藝術，高爾基說過：「每個人都是天生的藝術家。」如果從這個角度考慮，城市人的行為藝術水準決定著城市的文明程度。畫室中的藝術家日復一日地創造「藝術品」，等待讚許的眼光。城市生活中的藝術家有很多派別，有的嚴格自律，有的任意作為，有的處於自律與任意之間……變換著城市冷暖的主題。城市的冷因節奏與競爭的氛圍而不難呈現，問題是何以在城市的冬天醞釀暖意，在生活日新月異的同時溫存彼此，呵護共同的家園。這樣的文化積澱及城市風情決定了人們超越自我的力道和純度。

血型的文化意義

　　血型及其導致的性格特徵屬於血型研究者的專業領域，我素來
都不敢問津，因為對這方面的了解太少。血型的差異是客觀的，其
所引發的差異也可能是客觀的，這應該是很多人研究血型，特別是
其導致的性格特徵的前提。身邊曾有一位朋友精通此道，從血型上
能夠做出性格層面的概括，被判斷者大多認為相當準確，只是不知
道這準確是出於人們的逢場作戲，還是出於被說穿了內心世界。說
者越說越熟練，聽者漸漸多了起來，多少有某種現代預測的味道。

　　我對自己血型的了解很晚。小時候，附近公園裡有幾個掛牌
「老中醫」，服務項目是「測血壓、驗血型、診脈」。我曾經好奇
地去做過「驗血型」。「老中醫」用針頭刺破了我的拇指，擠出一
滴血放在玻璃片上，然後晃來晃去，結論是「Ｏ」型血。由於檢驗
的方法太簡單，我不敢輕信。後來在大學期間參加公益服務捐血，
在捐血中心清清楚楚地知道了，自己真的是「Ｏ」型血，看來「老
中醫」還是有辦法的。捐血中心的檢驗應該是準確的，這讓我想
起那位朋友對Ｏ型血所做的判斷：無私、善良、藝術氣質濃重等，
從敢闖敢做的魄力角度看，據說簡直跟Ａ型血沒得比，人家寵辱不
驚，雖然少些溫厚，但似乎也並不影響別人什麼事。

　　那位朋友諸如此類的判斷是否具有科學性尚待證明，但我從
小講求平等、與人為善、十分注重感情等性格特徵多少符合他的解
說，為此覺得科學探索乃是無止境的長途。據說規避血型引致的性
格弱點，是獲得成功人生的路徑之一。很多人沉迷此道多少與此有

關，特別是生活在追求時尚年代，「不是不明白，就是變化快。」時尚的厄爾尼諾不斷地同化精神的領地，一切都在升溫，因為血型的弱點而追趕不上時尚的潮流，令人心有不甘。於是，很多人了解自己的和周圍人們的血型，以圖在現代交往中遊刃有餘。

得知自己的血型之後不久，又聽到一位生物學教授說，很多國家的科學家正在研究人體的基因序列，預測著十幾年之後就能破譯出人類全部基因，能解救很多疑難病人云云。我曾經覺得，他們一定都是A型血人，敢闖敢做，連全人類的命運都想改變還不是A型血嗎？繼而開始懷疑，可能有人急於把性格錘鍊得更符合潮流，然後再在身上貼一塊商標——我是A型血人，與其他A型血人是一類人。為此，自己的錯誤乃是個性，別人的錯誤也是天生的問題，成功離他們太遙遠了，這難道不是一種思考盲點？

後來，偶然又聽到與那位朋友不同的血型判斷，O型血人被認為充滿戰鬥力，而A型血人似乎比較保守，B型血人辦事比較穩妥，AB型血人做事出爾反爾，很多說法陰晴不定。看來，血型研究者未能達成一致，他們個性的觀點讓等待判斷者不知應該聽信哪個版本，在多元的時代，血型的多種多樣值得研究，人們應該在進取的路徑中隨著環境的改變而做出新的選擇。據說，對血型問題的關注成就了很多暢銷書，不少讀者為了解血型導致的性格特徵而購買這類祕笈，破解生活中遇到的各種困惑。對於這類圖書，我從來沒有翻過。

對血型問題的理性審視緣於某天路過一家書店，看見一群年輕人擁擠著，等待作家余華簽名售書，突然就想起他的小說《活著》，對於生命而言，血型具有某種決定性的力量。血是生命流動的溫暖的存在，屬於一般概念，即無論何種血型都是流動的溫暖的，也都是紅色的，為此，我開始有些熱血沸騰，突然冒出了一股

勇氣：於人生的道路而言，重要的是堅忍不拔，少拿什麼血型論來嚇唬我們，儘管無法選擇，可是我們偏不頹廢。這樣的狀態維持至今。其實，對血型的研究與關注呈現出一種文化意義，屬於人類休閒生活的結果，只有在人們的生活比較優越的環境裡，血型的問題才會被提出。所以，對血型的關注是社會發展的符號，只是這符號不要貼得太多，較之血型而言，人們的精神追求無疑更為重要。

第二部

文化與感悟

　　如人們被無形地包圍在文化氛圍裡，生活，並陶醉其中。領悟來自於人們對文化的認識，人們在一次次碰撞中體會超脫、純淨、和諧，品味精神的大解放和思想的大自由，並最終尋找到他靈魂的永恆歸宿。

真正的時尚源自天然

時尚往往不以參與者的意志為轉移。我的朋友中有一對情侶，女孩為了提升男孩的品味，經常去商場尋找筆挺的時裝，以便讓男孩的品味提升，可是很多時候都無濟於事。比如她買了一雙涼鞋給男孩，價格不菲且品味不俗，可是男孩非要穿上一雙不怎麼搭配的灰襪子。品味有時候是不能強加於人的，總是有一些人的沒品味襯托著另一些人的有品味，更何況，時尚的更迭潮落潮起，經常沖來懷舊的潮流。比如，都市人遇到了老祖母時代的質樸手工編織技術，有機會重溫關於葦草的古老記憶。

在大陸某些城市的街頭偶爾能看到挑著擔子賣手編手工編織鞋的大姐，以極低的價格交易她們的作品，那種手工編織鞋其實只是一種拖鞋的式樣，卻似乎能將都市人的精神從極度緊張的工作和生活中解救出來。「鞋之無後跟者也。任意曳之，取其輕便也。」這種手工編織鞋的無拘無束洋溢著極其休閒的情調。儘管最初的發明只是出於對死者的悼念，「春秋時介之推逃祿自隱，抱樹而死，文公撫木哀歎，遂以為屐。」都市人更為關注的是熱天穿手工編織鞋非常舒服，對於歷史的「哀歎」往往並不在意，因為目前的生活已經讓忙裡偷閒帶有幾分奢侈。

當然，他們記得安徒生的童話《賣火柴的小女孩》，小女孩在寒風中穿著拖鞋沿街叫賣火柴，生意冷淡，最後在對祖母的懷念中凍死街頭。好在這個悲慘的故事並沒有造成他們對於拖鞋的誤解，更何況，在佛教盛行的緬甸，人們在正式場合也穿著拖鞋。

在時尚人士的眼裡，穿手編鞋與上班或上課無關，其意義在於悠閒輕鬆、自由自在。後來，商場上一度銷售時尚的名牌手工編織鞋，以黑、白兩種顏色的織條勾勒出古典又現代的創意結合。這不影響職場氣質，井然有序的格紋演繹出一種律動，只是製作過程甚為費時。據說工人在一個工作日只能生產兩隻半這種手工編織鞋，無法大量生產，但這個無法大量生產的手工編織鞋款式曾在大都市引起搶購熱潮，其售價超出商家想像的數倍，以至於為收藏者樂此不疲。手工編織鞋可貴之處在於使腳感到舒服，暫時擺脫皮鞋的質感，其穿法實乃崇尚自然之舉。

人生長在自然，在自然的滋養與呵護中成為自然的一部分。當人們背離自然的時候，自然都會深刻地教育人類，每當經歷不考慮人之外的生命的初衷，都不會迎來美好的結局。「清水出芙蓉，天然去雕飾」，自然之美是最經得起推敲的格調。人們對時尚的追逐與雕琢幾乎同步，而真正的時尚總是天然的，天然是智慧的出發點和歸宿。正如芙蓉生長在清水中，葉片上的露珠述說著美好，散發幾分快樂的清純。刻意地雕琢總是離我們的願望越來越遠，即使追求天然風格的雕飾也無法體認自然清麗的力量，因為痕跡無聲地述說著差異。刻意營造與網路編織總是增多生活附加值，讓我們本來渴望輕鬆的心靈遭遇沉重，違背生活的初衷。

房龍說：「凡學問一到穿上專家的拖鞋，躲進他的『精舍』，而把他的鞋子上的泥土的肥料抖去的時候，它就宣布自己預備死了。與人隔絕的知識生活是引到毀滅去的。」手工編織鞋並非「專家的拖鞋」，它時常掛著「泥土的肥料」，不可能「與人隔絕」，這正是其生機盎然的緣由。以皮、木、竹、麥稈等天然材料製作的商品之可能大行其道，道理也是如此。交匯歷史文化和當代生活的手工編織鞋透射出回歸自然的品味，在展示自然風情的同時完成商

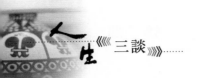

業的過渡，代表未來的商業精神，涼爽、保健、安全、時髦的空調手工編織鞋、沐浴手工編織鞋、沙灘手工編織鞋、保健手工編織鞋、時裝手工編織鞋、居室手工編織鞋營造出一道道自如優雅的休閒風景，可能在若干年後成為時尚經典，以往關乎手工編織鞋的誤解和偏見也不見蹤影。當這種手工編織鞋「進軍」辦公室，「穿拖鞋上班族」使緊張的辦公室成為舒適的家的延伸，自在也。代替經年累月的生活痕跡的是比純粹新式樣更有感覺的傳統與現代交融的多樣視覺衝擊，因而「手工編織鞋」不是散漫作風的代名詞，人們得以自由自在輕輕鬆鬆地體驗生活的充實。

虛擬世界裡的人文關懷

感受前衛的藝術作品，不必有多麼莊重嚴肅，盡情感受光怪陸離的表現方式，解讀超乎常人的思維定向，可能在突然的一刻忍俊不禁。在多元的時代，很多藝術作品都極具個人情結及另類色彩，它們天馬行空地遊走，作品無章法也不著邊際，但拒絕公式化，以獨特視角闡述對生活的思考，跳躍的思考方式令人回味。它們是務實的，在意的是被社會認定的結果，其中似乎有尼采、福柯、海德格爾思想的影子，毫不掩飾尷尬、平凡的生存狀態，它們的言說方式往往是：某座城市把誰給弄疼了，某個房間能否提供幾個麵包……

多年前，當人們就首部網路電影有無市場發出提問時，網路開始播放了由幾名大學生自編自導自演的短劇。從技術角度說，使用數位攝影機的確有其優勢，不僅減少投資壓力，影片要想在銀幕上放映還可以磁轉膠。網路始終在奔跑，太快了，就如同愛諾娃的出現。人們熟悉的「愛娃」是一個品牌，愛諾娃卻是個標誌，這個標誌出現在網路空間，那麼自然而然，帶著平和而富有靈性的噪音，幾乎引領線民進入了新媒體時代。愛諾娃是動漫的產兒，她的真實似乎不需修飾不容懷疑，在誇張中平實地表述自己。

初次見到愛諾娃是在時尚報刊上，她的眼睛有濃重的卡通氣質。這個動漫產兒對播音員和主持人來說有些職業競爭力，她既不會播錯，播音時又時刻保持咀嚼肌狀態，業務力十分強，卻又不會因為優越而失真。可愛的愛諾娃是英國聯合新聞社推出的虛擬節目

主持人，綠眼睛綠頭髮，熱愛運動且喜歡聊天。當然她還是一個「網蟲」，經常在網路讀書、看電影、聽音樂、玩遊戲。她可以在觀眾需要的任何時間播報資訊，這種播報多麼溫馨！而愛諾娃絕不是木偶，她有著極其鮮明的個性特徵，伴隨不同的節目內容，她能活潑地在臉上露出不同的表情。當講述一個悽慘的故事時，她會明顯地表現出一種痛苦，當播報開心的消息時，她的眉毛會自然上揚，這種痛苦或歡樂雖然是虛擬的，卻是該哭就哭該笑就笑，絕不會在上場之前，往眼睛上抹洋蔥或辣椒水之類。在這方面來說，愛諾娃的出現「不是偶然的」：她闖進了富有挑戰的新媒體時代，帶著希望的芳菲和光澤，表達數位空間的生活體驗。

動漫是虛擬的，但動漫的創意與完成是真實的人操作的，虛擬與現實之間有人的智慧在連接。有個朋友曾沉浸在動漫的影片中，每每有以此為志業的衝動，她覺得虛擬空間擁有很多現實空間應該豐富卻未必豐富的內涵，比如說真誠、坦率、明朗……

詩人海子說，「餵馬、劈柴、周遊世界；從明天起，關心糧食和蔬菜；我有一間房子，面朝大海，春暖花開」。這種理想在動漫中很容易實現，這正是很多年輕人樂於在網路生活的原因，他們有選擇自己快樂生活方式的權利，儘管這種方式可能不太現實，可是那現實的事情未必快樂，他們的快樂在長輩眼中可能不著邊際，但並不虛擬。有時候，虛擬的時空能夠提供真實的感覺，現實的時空倒讓人感到迷離、彷徨、失落。可見，動漫亦能透出對社會深層的人文關懷，讓人的精神生活因之有所豐富，即對於虛擬的現實和現實的虛擬應該加以論證理解。

對於動漫生活的擔憂者而言，生活中的美好要用積極角度審視，不必庸人自擾。在社會發展的進程中，我們應該關注生活方式改善的各種可能，挑戰固守一隅的陳舊思維，在利弊的權衡中創造

屬於自己的美好生活，繼而將虛擬時空的美好帶進現實，讓現實未能獲得的渴望在虛擬時空中得到滿足。虛擬因而成為現實的另一片天地，有快樂、有熱情、有風景，這樣的生活應該享受。當「美」的事情因為「善」而對人有益的時候，我們往往能夠感到「真」，當很多並不美好的真實容貌和心理出現時，人們卻感到假，假言假語、假情假意說的就是這回事。人們渴望穿越假的表層而抵達真的深層，贏得屬於自己的快樂，動漫的人文關懷之所以呈現，原因正在於此。

時尚生活中的本與末

時尚的概念難以把握，因為虛實交錯的光影總在變幻中。時尚的快樂往往無所謂範疇，探求新奇的文化價值，心靈通常是不上鎖的。在逐漸邁入世界視線的城市，虛實交錯的光影似乎令人眼花撩亂，人們力求找到時尚生活的切入點，「生活在別處」，很多事情恰是「明知在籬外，行到卻難尋」。從氣質、感覺到內涵，時尚的意境五光十色，它是激情流淌的河，人們難以跟上它的流速，很多追尋的歷程並不輕鬆，沒法用邏輯來解釋。它往往是感性而易逝的，其理念是開放的，箇中體驗「如人飲水，冷暖自知」。

虛實交錯的光影反映了時尚生活的智慧，經歷者不僅參與語詞的變遷，見證歷史的音符講述曾經的存在，還要在陶醉的過程中尋找時尚生活的意義，把握時尚生活的內涵。生活在二○、三○年代十里洋場舊上海的老仕紳曾是時尚的代表，將「Old Class」展示成時尚經典，其格調在白居易的《長恨歌》中得到精確的描述，體面的生活中透著優越的氣質，享受浮世生活的樂趣。老仕紳講派頭鬧噱頭玩花樣，將誇張的美麗演繹如斯，蘊涵某種哲理，時尚的吸引加速老仕紳對平庸生活的挑戰，他們似乎來自陌生的空間，卻與當今的生活有關。

虛實交錯的光影固然華麗，探索的卻是日常生活中不常得到，而要在精神生活中索取的，屬於平庸生活之外的「摩登」，此往往具有不俗的生命力。據說，日本一種電子遊戲機──「愛情鳥」（LOVE GETY）令人感到「摩登」，這種時尚的玩具分雌雄，佩戴

者若是相距十步之內，彼此又心有靈犀，機器就閃綠燈。歐美前衛青年常以此招搖過市，少了許多「失之交臂」的遺憾，「愛情鳥」為青春活力的洋溢提供了根據。我沒有領略過「愛情鳥」的便捷，聽說這種玩具的時候，我正在閱讀《刺鳥》。這本澳洲的《飄》講述的是近乎完美的生命價值的尋找：荊棘鳥每到黃昏時分，就會尋找那棵樹，那棵樹上面滿是荊棘，在找到的那一刻，一頭衝向它，同時發出婉轉的歌聲，曲終而命竭，直等到最後的一滴鮮血流盡。書中告訴人們，為了理想不惜生命地追求，真正的生活總是拒絕捨本逐末之舉。

時尚生活的追逐無可厚非，曾經一片詩海的大學校園如今成為追求時尚的主場。有人覺得身處的學府與理想的差距很大，這樣的感喟被時尚的追尋者在高閣中束起，「現在俗了」，這樣的話語顯出很多平和。在飛速發展的年代，有很多空間可以生活，不需要以犧牲個體獨立為代價實現理想，但無謂的奢侈是必須拒絕的，追求時尚者的心靈同樣應該仰望星空。當某個鄉村孩子因為一盤蝦子的價錢無法上學讀書，某個大西北高原的老人因為一條石斑魚的價錢忍受病痛的煎熬，熱中時尚生活者不能浪費得坦然，而應表達起碼的人文關懷，拒絕把浪費當做娛樂，而回歸樸素的時尚，以此提高時尚生活的品味，謀求「高級的摩登」，摩登的「高級」腳踏實地，展示不俗的智慧和潛質。

時尚的生活是多元的。虛實交錯的光影不乏後現代意蘊，有時可能避免被現成工具包圍，以DIY的方式加以個性體驗，大魚大肉吃膩了，得意小蔥大醬的人不少，時尚世界往往「物以稀為貴」。落伍的時尚經過時代變遷，可能以懷舊的方式成為時尚，人們在競爭的節奏中不甘落伍於某個激昂的時代，在時尚生活的背後卻沒有充足的時間考慮曾經遭遇的困惑。困惑往往化為鬱悶，隨著感覺與

以往的生活拉開距離。

　　當我們致力於捕捉虛實交錯的光影，應該在五光十色的背景中找到生活的意義，探求超越以往存在的可能。時尚是值得探索的體驗，因為它內蘊發展的意義，突出個性在公共生活中不可或缺的價值，以嶄新的節奏詮釋生活，以超越的體驗擺脫日常生活的平庸，踏實地解讀另類生活的文化符號。對時尚的超越展現了時尚者的生活智慧，當個體的時尚生活豐富多彩且構成整體時尚生活的合唱，圖文交錯的光影瀰漫網狀的文化結構，個體間的交往呈現獨特的文化意境，公共生活因而平添不可或缺的文化魅力。

鼓勵可以培育自信力

　　人之心境難以每日映射太陽的光芒，正如會有日食來臨，心靈有時會被灰暗籠罩。灰暗的世界不能常駐，走出灰暗固然依靠堅強的意志力，周遭的鼓勵也是非常必要的，當我們閱讀勵志的名句時，可能感到熱血沸騰，繼而加快行走的腳步，道理就在這裡。羅曼·羅蘭說過：「凡是掙扎過來的人都是真金不怕火煉的；任何幻滅都不能動搖他們的信仰：因為他們一開始就知道信仰之路和幸福之路全然不同，而他們是不能選擇的，只有往這條路走，別的都是死路。這樣的自信不是一朝一夕所能養成的。你絕不能以此期待那些十五歲左右的孩子。在得到這個信念之前，先得受盡悲痛，流盡眼淚。可是這樣是好的，應該要這樣……」人生的大道理如此，很多生活中難忘的「小事」同樣需要自信的支撐。

　　通過英語檢定考試也不是很難，這似乎是每年都在驗證的定理，可是一旦參試者的字典裡少了「confidence（信心）」，即使參加再簡單的考試，也得淪為失敗。而我想說的是：自信大都是由鼓勵激發的。那年，教我們英文課的老師是個剛畢業不久的漂亮女孩，飄逸的長髮下，是一身女神化身，課講得風趣幽默，可是在下課時，她總是習慣地重複一句：你們沒幾個人能通過檢定考試！現在回想起來，這句話並不是指我們學習不努力，她只是想變壓力為動力。可是我們當時自然而然地忐忑起來，多少有些灰心失望。

　　離考試大概還有兩個月，課堂裡多了個聽課老師，是大學七十多歲的朱教授。當我們讀英文時，他便坐在陽光裡，不時記著什

麼，常常點著頭，代表一種文化的認定。有一天下課時，朱教授叫住我：「下午到我辦公室來一趟。」我帶著習題本如約而至，心裡有些摸不著頭緒。門開著，朱教授坐在陽光裡，和藹地笑著。接著，他問我在學習上有什麼困難？我翻出幾道選擇題，他耐心地講解：「normal（正常）這個詞，在國外，一般用在患者看醫生的時候，當體檢完畢，如果一切正常，醫生便說：Normal！」然後他輕輕拍著我的肩膀，鼓勵地重複著：「Confidence！Normal！」陽光裡，一切正常。

我順利地通過了英語檢定考試。成績發表後的第二天，我們這些通過考試的考生都得到了朱教授買的獎品，夾在獎品中的是用英文列印的《致家長的一封信》，一行行文字立刻暖在心裡，化作一種鼓勵的力量：「我懷著萬分激動的心情分享您的幸福，並向您致以誠摯的祝賀，您的孩子通過了英語檢定考試，這一切都源於他的勤奮和刻苦。每個人都認為，他是有資格獲得這項榮譽的，而我也堅信，這次成功是他今年的第一個成功，無疑，他還會取得更優秀的成績。我們將為之無比自豪。」下面是一旁大寫的楷體：朱世昌。那一年，所有通過英語檢定考試的同學都心懷感激，並彼此傳遞著鼓勵，迎難而上，在陽光下，備感溫暖。

這樣的鼓勵支撐我們多年求索，後來的追求目標當然超越英語考試，但難忘的鼓勵往往具有不一樣的意義。曾言，「生活就像海洋，只有意志堅強的人，才能到達彼岸」。堅強的意志力並非生來鑄就的，鼓勵和呵護是其成長的土壤，當我們的能力不足以承擔艱難的挑戰時，應該在強者的勵志壯語中獲得前進的力量；當我們走過艱難的高地，回首後來的跋涉者，應該用溫暖的目光啟動他們跋涉的情懷。從基本的構成條件觀察，強者與常人無異，造就強者的是鼓勵培育的自信力。

　　鼓勵使人們一路承受陽光，感受生命的張揚，他們不會對「左
撇子」伸出右手，給對方的第一感覺是尊重，第二感覺還是尊重。
因為目標高遠，探索之路可能就顯得很長，但到目的地感受著芳香
時，奮鬥的心情就格外舒服，這種成就感對鼓勵者和奮鬥者具有雙
重的意義。其實，生活理想的獲得對每個人可能稍有不同，但每個
希望都在不斷調整中產生，每次調整都是對成功的靠近，即使基礎
再差也不必放棄，即使曾經失足悔恨也不必灰心，只要有決心，每
個人都可以抵達其嚮往的彼岸。

預言與生命的潛力

　　莎士比亞充滿激情地說：「生存還是死去，這是一個問題。」生死問題為人生難以超脫，人們關注神祕的話題往往與此相關。16世紀法國預言家諾查・丹瑪斯預言的社會影響力是巨大的，儘管某個日子平靜地過去了，沒有什麼意外，人們慶幸之餘，大概忘記了曾經的恐慌，但那個日子並不平凡。在那個被預言的日子，全世界為數眾多的人在同一天為自己以及其所屬群體的生命存在感到恐慌，那一刻，理智地衡量生命的價值，成為人們的判斷方式。人們沒有覺得自己像神一樣高大，開始以質樸的態度面對自然。

　　對死亡的恐懼源於本能，這種恐懼有時踰越了生命本身，忘卻生死的義舉與苟且偷生的存活都令人深思。人們對死者的紀念與對生者的忘記超越了生死的邊界，因此，臧克家先生說：「有的人活著，他已經死了；有的人死了，他還活著。」人之所以超越有限生命而長存於人們的心中，在於其有限的生命釋放了無限的意義，對歷史人物的景仰正是在這個角度立意的。人們如何追求事業的成就？如何秉持人生的責任？如何走向生命的終結？都著落在如何體驗有價值的人生這個層面上，都要對生命的潛力有所感知。

　　人類應該自覺地播撒希望的種子，認同對生命珍視的境界，而不是見到可能使生命喪失的微薄利益就樂此不疲。當很多環境問題令人頭疼，人們不得不回顧其與自然的關係是何等境地。當賴以生存的地球成為連通人類的村莊，人們隨心所欲地開發各種資源，很多危險因素的增多並非駭人聽聞，人類創造的災難最終歸結於自

身，諾查・丹瑪斯預言令人擔憂，也就不必意外，因為很多與生命息息相關的問題都是人類親歷的。只有高貴地踐履自然的使命，人類才能坦然地跨越各種可能的意外，體驗生命潛力蘊涵的文化境界。

文明是人們不可忽視的內在素養，與自然和解是文明的重要層面，當人們以善良的舉措展示自身的光澤時，可能就在創造珍貴的歷史。人之所以不可拒斥自然，在於其從自然中讀到自我，從自然界的美好和荒蕪中看到人性的流變。蒙田說：「生命的用途並不在長短而在我們怎樣利用它。許多人活的日子並不多，卻活了很長久……你活的夠與否，全在你的意志，而不在於年齡。」此言不謬，生命潛力往往透過人們的意志呈現出來，「有志不在年高，無志空活百歲」，年齡並非衡量人生意義的唯一尺規，因為生命潛力並不為年齡所限定。

在日常生活中，人們對生命長度的關注超過對人生意義的關注，而人生意義完成對生命潛力的承載。表演藝術家王秋穎和李默然多次連袂出演，合作的巔峰作品為電影《甲午風雲》，二人分飾李鴻章和鄧世昌。劇中有個場面：李鴻章與英、法等國外交使節談判，面對對方出言不遜，等候在二堂的鄧世昌忍不住將茶杯重重喝道：「一派胡言！」驚動了外交使節，李鴻章喝問：「誰在二堂喧譁？」多年後，王秋穎生命垂危，在外拍戲的李默然急速飛回瀋陽，由於病情危急，醫生不准外人打擾，李默然為此爭辯、懇求……忽聞老搭檔職業化大聲道：「誰在二堂喧譁？」李默然應聲闖入病房，將衣袖左右拂掃而單腿屈膝道：「回大人，是屬下鄧世昌，拜見中堂大人！」有什麼話可說，幾乎無話可說，兩位藝術家默默地握手流淚。這是他們生命中最後的「合演」！藝術的境界令人超越生死的邊界，表達出比語言豐富得多的內容。

　　人們企圖對不可知的命運有所知，對神祕的未來充滿好奇，意味著對生命的深切關懷。對未知世界的好奇與探知無可厚非，若一味地探知未知世界，在可知世界無所作為，甚或不必要地作為過多，使世界走向負面，未免令人遺憾。延伸生命的張力，使人生意義通往久遠的將來，方為明智之舉。超越生死的世俗邊界，從容地把握人生意義，以自然方式感受周遭的存在，方能無所意外，只有抵達生命的自然之境，人們才踏上有為的彼岸，為周遭的事情塗上曠遠的色彩。

擁有健康的休閒生活

　　都市是人生競爭的主場，相較於鄉村的安逸，都市的節奏往往使人疲於追趕。都市人在水泥森林中穿梭之後，熱中於領略卡拉OK的嘈雜、酒吧的喧囂、傳杯換盞的快慰，也熱中於沉浸於書店、茶館、音樂廳，將郊區打造為都市的後花園，在閒暇的時光採摘、爬山、健身，感受休閒生活的味道。在豐富多彩的休閒時光之後，都市人以飽滿的姿態迎接充滿光澤的明天的太陽，都市的休閒五花八門，很多城市的夜晚比白天還熱鬧。我所了解休閒去處大概有書店、茶館和酒吧，這三處景致各有獨特的溫暖與美妙。

　　書店不完全屬於休閒場所，因為具備休閒之外的功能，很多精神生活的塑造往往透過書的方式開啟。但即使對以研究為職業者來說，逛書店仍有別樣的消閒意味。一書界佳句曰：「帶你走進茫茫書海，帶你走出書海茫茫」，高品質的書店有音樂的烘托與舒適的背景，其氣氛溫文爾雅，雖然這種格調雖是經過裝飾化的，但其柔和的人文姿態殊為難得，透過窗櫺感受書卷氣息，也會感到愜意飄灑的快樂，正如捷克人有言：「清閒是上帝凝望世人的一扇窗。」書店的清閒給人停泊的感覺，這種停泊成就了素質的提升。時光流逝得恬淡而愜意。

　　留意舊書攤是感受書店的別樣方式，這裡沒有疏朗通透的設計，周遭也沒有不知晨昏地閱讀的身影，但這裡同樣洋溢知識的味道，同樣營造充滿書香的社會。淘舊書之樂蓋從此出，很多長期渴求的舊書可能突然在搜尋的眼前一亮，令人有些激動，淘舊書的人

很安靜，很多在別人看來是廢品的紙製品，對他們而言愛不釋手，書能梳理生活行進的力量，給人以提高判斷力的鑰匙。

較之書店的安靜而言，茶館的恬靜最適合三五朋友小坐閒談，陽光淡淡的午後，泡一壺清茶，聽一首名曲，感受歲月在無語中飄嫋，舒緩的音樂流過了身旁。茶館是文靜的，實乃老友聚會之佳處，高雅休閒之佳所。

慧能曾以自製佳茗款待摯友陶淵明，「話茶吟詩，敘事談經，通宵達旦」。茶館之樂毋庸置疑，中唐詩僧皎然《飲茶歌·逍崔石使君》曰：「一飲滌昏寐，情思朗爽滿天地；再飲清我神，忽如飛雨灑輕塵；三飲便得道，何須苦心破煩惱。此物清高世莫知，世人飲酒多自欺。愁看畢卓甕間夜，笑看陶潛籬下時。崔候啜之意不已，狂歌一曲驚人耳。孰知茶道全爾真，唯有丹丘得如此。」品茶的意境不乏禪味，對安頓城市人疲乏的奔波大有益處，對其中「道」的理解與時間能夠不同程度地蕩滌都市生活的喧囂與浮塵。

在咖啡店小坐與置身茶館大可比擬，咖啡是舶來品，對咖啡的烹製有多種方式，它缺乏「茶道」蘊涵的禪境，卻也是休閒生活的不俗選擇。較之茶館抑或咖啡店，酒吧是喧囂嘈雜的，它希望把人們宣洩不完的精力揮灑出來，酒吧張揚立體的裝飾、閃爍的燈光及自由、憤怒、叛逆的精神，充斥理想色彩，另類的海報、酒杯和油畫展示個性味道。酒吧的歌手十分激動，這裡盤旋著動情的老歌或流行的搖滾，舒緩的節奏不適宜這樣的場所，酒是交流的媒介。城裡的月光似乎照亮了都市夜歸人的願望，時光的碎片得以整合，傳杯換盞之時，酒時而「貴如油」，時而成了「水氣東西」。酒吧裡到處都是眼睛，眼睛被城裡的月光烘托著，當激情燃燒到可感的溫度時，我們知道應該回家了。

都市的休閒場所守望著兩個世界，分別屬於夢想和實際，殘留

的感覺揮之不去。衛慧說，「每天早晨睜開眼睛，我就想能做點什麼惹人注目的了不起的事，想像自己有朝一日如絢爛的煙花劈里啪啦升起在城市的上空，幾乎成了我的一種生活理想，一種值得活下去的理由。」她的話語十分感性，卻也伴隨某種真實。正如休閒的場所不乏「形上之美」，夢想與激情始終在場，「城裡的月光」漸漸地「把夢照亮」。當黎明到來的時候，溫暖的陽光開始講述另外的故事。我們鎖定城裡的月光，預約以後回來，繼而奔赴繁忙的旅程。

成人世界的童話

　　「人是常存希望地存在」，熱度不減的武俠言情小說印證此言的含金量，人有不可選擇的生命，卻有可選擇的生活境界。當日益增快的生活節奏使人們的心靈處於波動中，情感與幻想成為便捷的平衡劑，可以選擇的生活境界在理想的追求中達到震撼。人們將武俠言情稱為「成人童話」或「情人童話」，以「童話」的方式追求純潔清麗的意境，演繹戀愛男女的癡情不悔，似乎誇張了讀者的生活狀態，無盡的情感纏綿使人們沉浸其中。人們應該清醒地把握「童話」的意蘊，領悟摯情和俠義的真義，走出盤旋難解的虛無。

　　在眾多武俠、言情作品中，最令人流連忘返者當屬金庸與瓊瑤。瓊瑤致力於對純美人性的描繪與讚美，不斷營造著天荒地老的境界，演繹很多心靈美好、性格堅強的有志青年突遭不幸，歷盡磨難之後終有好報的故事。瓊瑤的作品以理想主義的方式面對理想主義的困惑，不乏創作功力，但諸篇妙筆生花的文字意境無太大差異，因此改編的多部劇作使觀眾在公式化的矛盾糾葛前疲憊了，愛情被高度濃縮為速食文化，成為大街上咀嚼的「時尚」。很多劇作甚至將滄桑變成幽默，纏綿成為戲劇公式化的需要，藝術遭遇商業，人們在公式化的纏綿中表示平靜。

　　瓦西列夫說：「非理性和理性經過相互滲透，可以說是釀成了一杯令人心醉的愛情瓊漿。兩情的相互誘惑，感情、幻想之具有美感等等，以不同的比例混合於愛情之中。愛情是本能和思想，是瘋狂和理性。是自發性和自覺性，是一時的激情和道德修養，是感受

的充實和想像的奔放，是殘忍和慈悲，是饜足和飢渴，是淡泊和欲望，是煩惱和歡樂，是痛苦和快感，是光明和黑暗。」情感的寫意應該注意理性與非理性的滲透，應該注意將理想嫁接在現實的翅膀上。武俠作品往往融現實主義與理想主義中，使「童話」的閱讀進入理想美的世界，展示的生活場景富有智慧和啟迪：「問世間情為何物？」「自有山比此山更高，」「無招勝有招！」

愛是寬泛的，情感飄在藍天白雲間，有很多問題等待回答，愛情在現實面前往往脆弱，因此有很多悲歡離合的體驗，直使英雄氣短。金庸武俠作品張揚了中華民族英勇善良的俠骨柔腸，《射鵰英雄傳》被評為中國「百年來百種優秀文學圖書」，有一定說服力。嚴肅文學力圖表現真實世界而承受的束縛在其作品中得以解放，理想的精神達到自由狀態，但金庸的作品被視為「通俗文學」而肆意改編則不妥，很多劇作缺少對作品意義的思考。很多抗暴禦辱時的正義力量的閱讀動感在劇作中遭到削弱，攝製者關注情節的新奇，觀眾看嚴肅之外的熱鬧。

情愛世界的「童話」應該展示雄渾的英雄器度，並非平凡的生活狀態，其意義要在雨後泡茶慢讀細品。愛和欲望不等值，執著的傷口有時不能得到慰藉，主人翁在江湖行走中的悲難，所謂悲情也就在這裡：世俗的人們難以將愛和美作為永恆來追求，但情愛的太陽不能因此消失；「雙劍合璧」的地平線不能因此傾斜，江湖的悲痛對應著孤冷，在情愛的武俠世界，太陽和月亮交錯地延伸歲月的輪迴，俠士的超凡脫俗為情愛的可能提供了深刻的背景。就此看來，金庸的作品之所以膾炙人口，在於其融入了情愛的成長經驗，成為「初戀」的經典版本，而在戲看經典的背後，是有容乃大無欲則剛的深不可測。

武俠作品表面上書寫「功夫」，實則表達談論不盡的情愛。

「情義二字比命重」，江湖的情愛有所是有所不是。這樣的情愛離生活更近，無疑有其存在價值。驚心動魄的江湖故事詩意張揚著人的可貴，自由的愛欲澄澈到底，俯視恩怨情仇，知白而感召黑，知善而擺脫惡。情愛主體在江湖的形上體驗，真實地面對情愛和自我，「可憐未老頭先白，春波碧草，曉寒深處，相對浴紅衣」。因此，情愛的詩意嫁接於英雄情懷，年少的時光激情燃燒，在繁雜強烈的烘托中成為稀有事物，令人傾慕或沉醉。

人們要在對話中瞭解彼此，
對話可能來自語言，也可能來自文字，
但真正的對話展現心靈的感知，
表達智者理性的聲音，體驗文化交流展現的意義。
豐富多彩的大眾文化對話開啟具有張力的思想資源，
以具有普適意義的道理使對話的彼此相互接受，
其間的言說與傾聽並非一開始就成為習慣的，
當理解乃至接受成為事實，思想的種子就會在不同文化間生根發芽。

對話交流中的文化領悟

　　人們要在對話中了解彼此，對話可能源自言說，也可能來自文字，但真正的對話展現心靈的感知，表達智者理性的聲音，體驗文化交流呈現的意義。文化對話近年來成為日益熱門問題，因為合作與對話呈現出人類的發展前景，但文化何以對話與如何對話的起始問題並不容易回答。甘陽先生曾說，清晨在公寓遇到外國友人，問對方「吃了嗎」一類，對方的回答大概彷彿，形式上表達友好，雖無甚內容，但內容已在其中了，但這樣的來自不同文明持有者之間的對話能叫作文化對話嗎？就文化對話的本質意蘊來說，言其大者如此，思其小者亦如此。

　　與Susan相識是在一個陽光很好的早晨。她站在研究所英文課講台上說自己來自遙遠的英格蘭，並於會心處毫不掩飾地表達天真的情愫，這種快樂強烈地感染了我們。作為助教，Susan的授課方式完全是開放互動的，每個人都可以在課堂上開心地講自己的夢、憧憬和愛好。當然，一切都要符合英文語境，大家彼此以姓名稱呼對方，「Susan老師」是我們從未涉及過的語句。

　　Susan的中文水準不如我們的英文水準，漢字讓她頭疼，因此要我們每個人都取個英文名字。於是，大家紛紛在學號後面寫明「大衛、約翰、瓊斯……」以便她能對號入座。

　　這段時間她一直很快樂，由於到孤兒院收養了一名棄嬰，體驗到做母親的幸福。Susan給女兒起名為「晴星」，就如同夜晚星空中天使的眼睛，從此，校園出現了一幅外國女士推著女嬰車的風景。

Susan視晴星為己出，儘管她的英式撫育令我們疑惑，比如大冷天抱著不戴帽子的晴星在校園裡散步，以至於孩子經常感冒。但她臉上洋溢的笑容告訴我們，這是一個善良的女人，她將快樂融化在生活之中，並盡可能地感染他人。

當期末考試時，我們又因為文化不同產生了不解，Susan的試題很簡單，她要考生用英文講述一則軼事。我講的是在龍井茶產地九溪十八澗品茶的經歷；斯時，看到當地人採摘茶葉，覺得他們採摘的是自己的生活。再次讓Susan迷惑，採茶怎麼等於採生活？生活如何採摘？於是，我的成績單上沒有出現滿意的分數，而講述自己的燉湯經歷的好友得了一百分。春節前夕，我與Susan在校園不期而遇，她問我中國人為什麼最近非常興奮？我給她講述了有關「年」的傳說及中國人延續多年的傳統過年方式，並與耶誕節加以對比，儘管我的英語口語表述並不嫻熟，Susan的頻頻點頭還是讓我感到，她似乎明白了文化融合的意義：入世後的中國人逐漸向世界發出獨特的聲音，而不同國家的文化、情感、觀念是相通的。臨別時，她用生硬的漢語對我說：「春——節——快——樂！」經過一段時間的了解，她似乎理解了這與英格蘭民族的愛國情結是一樣的。

我騎著單車在大樓前駛過，正巧遇到從大樓走出的Susan，她推著坐在嬰兒車裡的女兒，衝著我快樂地揮手說：「Morning」臉上的微笑閃著太陽的光澤。這個微小的對話過程呈現出文化對話的大眾層面。豐富多彩的大眾文化對話開啟頗具張力的思想交流，以具有普適意義的道理使對話的彼此相互接受，其間的言喻與傾聽並非一開始就成為習慣的，當相互理解乃至接受成為事實，類似對話才非常自然。在全球化時代，人們可以跟隨潮流的走向，也可以認為自己就是城市流行的季風，但彼此的交流不能失去，因為與我們並不緊密相關的人們提供了不一樣的溫暖。縱觀任何文化對話的發展，意味都可品讀。

街上每天都有人群湧動，大街上每天都有很多不相干的人們相遇，
相遇的人們可能永遠不相識，也可能建立友誼甚至愛情，
很多偶然的際遇令人深思，
街道並不在意人們成為過客抑或漸漸熟識，
街道變幻著風景，映射大眾意義上的哲學。
繁忙的街演繹著變遷的街道，
街道就是一個濃縮的舞台，永遠上演著人生的悲喜故事。

俯瞰變遷的街道

　　街上每天都有人流湧動，繁忙的街演繹著變遷的道，街道永遠上演著故事。大街上每天都有很多不相干的人們相遇，相遇的人們可能永遠不相識，也可能建立友誼甚至愛情，很多偶然的際遇令人深思。街道並不在意人們成為過客抑或漸漸熟識，故事仍然上演著。

　　俯瞰歷史是一種境界，它告訴我們，眼前的街道曾難以稱之為「街道」，多年以前，某個地方可能「根本沒有路」。比如我曾就讀的大學前面的街道，如今連通四面八方，二十世紀上半葉只是一條匯聚著城市生活汙水的「臭水溝」。溝黑不見底，其中魚蝦難活，更有成排的水草密密麻麻地生長在溝邊，「臭水溝」對面的房屋亦破舊不堪，漆黑的巷弄裡少有生活氣息。一到夏天，在「臭水溝」邊，開始無休止地上演著「蚊蠅奏鳴曲」。據說這一帶當時是道道地地的郊區，不時還能看見大片的農田，歷史留給晚輩的往往是驚詫。在這個意義上，缺少突飛猛進的發展，即使是繁華的城市，遲早也會成為殘破的郊區，在城市化進程中，郊區展現著城市的脈搏，漸漸抵達繁華。

　　時代的變遷，孕育了街道，街道的周圍生活著人們。街道對面是一所明星中學，每年的六月到七月，街上便湧動著人群，人群中透出一雙雙渴盼的目光，每年一次的高中聯考確實決定著人生的道路，一群人在教室裡揮汗如雨地答題；家屬或站或坐在街上揮汗如雨地憧憬。此時有汽車從馬路上駛過，不住地按喇叭。任它是寶

馬還是賓士，鳴來的結果都是仇視的抵制，街道聚焦了兩代人甚至幾代人的夢。街道鋪展中學與大學之間的路，路是七彩的，每年都會有如許莘莘學子走過。走路是一種動作，沿街的走向卻是一種創新。

教室窗前的街道上矗立著一座天橋，天橋在街上是一道風景，無論橋下還是橋上，交通暢通無阻。在晚風輕輕吹拂中，和諧的路燈燃亮了夜，此時，街道是一段距離；當朝陽升起時，街道和行人都露出精神，讓人感到生命的律動，街道也是一座橋。這時候，突然間想起系上的一位學姊創作的歌詞：「橋上站著伊，回頭的剎那，橋上不見了伊。」我們關注「伊」的命運，在變遷的街道上，「伊」總要眺望，總要做出自己的判斷，繼而追求自己的人生。而這一切都發生在「回頭的剎那」，時光如流水，我們在波浪中舞蹈。

在明媚陽光的照耀中，因為有了街道，即使再現代化的前方也不是一幅絕美的油畫能形容的，只要你踏實地在街道上行走，便能感到街道是滄海桑田的某種符號——我們是行人。街道總是上演著故事，並從一個街道延伸到另一個街道，故事的情節逐漸複雜。故事中的人物越來越多，主人翁往往堅持自己的選擇，走過一座又一座彩橋。默默望著視野中的風景，故事儘管只是故事，卻為人生不可或缺，沒有故事的人生無疑透露著種種遺憾，使回憶缺乏色澤，而街道連接著幸福的事業，前方正是美好的憧憬。

街道變幻著風景，映射大眾意義上的哲學，解讀街道使人們對把握哲學更有信心，感受不再艱深，誠如馮友蘭先生所說，「哲學並不是一件稀罕東西；它是世界之上，人人都有的。人在世上，有許多不能不做的事情，不能不吃飯，不能不睡覺；總而言之，就是不能不跟著這個流行的變化跑。人自己跑著，心裡想著；這『跑』

就是人生，這『想』就是哲學」。街道上的人們總是要奔跑和思考的，他們吃飯、睡覺，感受「這個流行的變化」，漸漸體悟哲學的意境，通曉生活世界的哲理，變得沉重抑或智慧。街道的人群每日以不同的方式組合，欣賞街道的人們每日面對著不同的影像，感受可能千差萬別也可能視眾如一，心境不同而已。最為關鍵的是，街道四通八達，恰如各種萬千而來的機會，面對這些機會，應該分析在哪條道路上能有所作為，並執著地勇往直前。毋庸置疑，只有踩出腳印的地方才是路，才能延伸明麗的街道，如果丟棄了踏實進取的態度，再新奇的思維都只是幻想的影子罷了。

無爲而治的管理境界

　　曾到一家藝術企業考察，在其中增添了很多以往不曾深入領悟的內容，比如當地教育產業的發展品質、旅遊資源的人文整合、企業發展的科技性……但更具有沉浸與回味意蘊的是對「無為」管理嘗試的近距離體會。這個嘗試是一位從返城青年發展為企業總經理的石藝雕塑家近二十年來的苦心經營，他將這種管理嘗試視為不可或缺的生活方式，在六週左右的研討過程中，我們做了有關管理法則的考察報告，有機會聽他講述了耐人尋味的藝術創業史。他講述得很投入，眼眶裡含著淚。

　　他是我父母的同輩，他的舉手投足很讓我想起父親，當時正在千里之外的家鄉等待他的兒子放假回家。父親的經商雖有過短暫的成功，但很快便以失敗結束，我認為最重要的原因在於他缺乏商人的狡點和機智，當他的企業「終結」的時候，廠裡的器具和產品折價出售，廢鐵交給工人送到回收站，換來的錢交給家庭困難的員工。那時候，家裡僅靠母親微薄的薪資維持生活，父親未因家境不寬裕而改變作法，母親毫無怨言。他們的邏輯非常的簡單：不能虧待曾信任我們的人。

　　我始終覺得在父母這代人身上長久揮灑不去「傳統」情結，他們對於曾經給予他們幫助的廣闊天地上的人們愛得深沉，這種印象又讓我在這家企業的總經理身上找到相同的素質。對於企業的發展而言，他更看重經商背後的意義，那就是如何找到一種快樂的生活方式並沉浸於其中，他視從事生產的員工為天然的藝術家，認為他

們投入的工作、質樸的言談甚至汗水落地的聲音都是最美麗的，他將與員工的每一次和諧的交談視為人生幸福的重要情節。他說自己不是在收留員工，而恰恰是員工收留了他，員工因公到外地出差，他交代辦公室去買快車票；員工家裡辦喜事、喪事，他都要出錢表達自己的心意。他說的最感人的話是：無論出現什麼情況，我第一個要考慮的就是不能傷害員工！

為什麼不能傷害員工？他說那樣做會感到不好受，因為傷害與他的精神融於一體的存在就是傷害他自己！他們的企業沒有大富大貴大紅大紫，儘管其產品矗立在頗多耀眼之處，得到國際同行不俗的評價，成為建築藝術行業中的翹楚，為很多有識之士所關注，但他們更在乎文化層面的精神力量。儘管他們在市場運作與管理理念層面上，尚有值得完善之處，但這種質樸的藝術情懷孕育的生命力不可謂不頑強；就如同他們的員工素質儘管有待提升，但質樸的真誠已成為一種力量，支撐這種力量的是不可或缺的人格。

從商業運作的功利角度看，這家企業的經營態度比較另類，他們將「無為」當作真正的「有為」，他們的藝術材料來自於礦山的廢石渣，企業的生產環節就是將這些廢石渣加工成活靈活現的石藝產品。這種環保的生產態度和無為的生活旨趣，讓企業的管理層和員工每天都感到某種快慰，至少對我們這樣的「外來者」而言，頗有意趣天成之感。以此來看，這家企業的船長是一位特殊的企業家，企業的生產和經營於他意味著某種生活方式，似乎滲透著他的哲學。閒談中，他聊起自己對哲學的體悟，很多概念術語暗示他並非哲學的門外漢，儘管不是科班哲學家，但很多觀點來自他對腳下土地的熟識，不乏品味生活的力量。

哲學不是從天上掉下來的，每個生活中人都可能說出一些哲理，儘管這些哲理與規範意義上的哲學相比，還覆蓋著粗糙的外

在，但正是這些外在告訴我們哲學與生活的內在關聯，離開生活的「哲學」只能承受漂泊的命運。我當時拍了很多關於這家企業的照片給父母看，看到照片中一幅石藝雕塑時，他們的眼中似乎閃過一絲光澤，當認真地翻看著員工快樂工作的和諧鏡頭時，他們感到由衷的快慰，並肯定了我的工作。我知道，他們的心靈是相通的。

嚴肅與戲說之間的平衡

　　很多宮廷劇作以戲說的方式熱播，說明人們對非嚴肅的歷史講述有所期待，對另類地表述古代宮廷的恩怨情仇不乏興趣。男兒血濺宮廷，美女香消玉殞，欲望總要燃燒，種子總要發芽，複雜人性在現代分析圖譜中別有一番滋味，戲說有時候或許能夠更好地揭示了主人翁的內心世界。

　　但歷史不能任人打扮，歷史的客觀性在一定程度上必得以嚴肅的講述方式，但嚴肅並非板起面孔，嚴肅不拒斥活潑的容顏，板起面孔只是故作嚴肅，人們對戲說的歡迎往往出於對故作嚴肅的反感。這樣，當以輕鬆的方式講述帝王的建樹、膽識和氣魄的時候，緊張的智與勇的交鋒穿過故作嚴肅的面孔，以平民的意境得到觀眾的喜愛則在情理之中。

　　戲說不可過度，如果說對神話或日常生活加以無俚頭式演繹反映了某種創作理念，對歷史事實作鬧劇式的改編無疑會傷害歷史原貌。如果將戲說定位為拒斥故作嚴肅的創作嘗試，其目的在於透射驚心動魄的觀賞欲望，在尊重歷史原貌的同時突出情與理的現代演繹，很多失敗的成功者抑或成功的失敗者才會鮮活地呈現在我們面前。在這方面來說，創作恰到好處可能介乎嚴肅與戲說之間，既要遵循歷史真實，又要融入平民情調，使歷史作品整體蘊涵著濃郁的悲壯美，使讀者以「通俗」衝破傳統意識，讓「王道」精神平淡地嶄露出來，促進當代人對久遠歷史的理解。

　　對歷史的解讀不妨個性化，但個性化解讀不能錯漏百出，以

致貽笑大方。歷史的存在是遙遠的過去，對過去的理解可能千姿百態，但任何解讀都應是用心的領悟，「世上無難事，只怕有心人」。我曾建議好友閱讀某部經典，他在一番感慨之後說，「必聽兄言以心讀之」，「以心讀之」是我們能夠長足進取的關鍵。

歷史解讀應該立足於民族魂的中砥，靜與動、光與影的強烈反差傳達的強烈的脈動在流淌在奔騰，歌唱的是無法征服的民族為了自由與尊嚴而抗戰的史詩。任何民族及其個體都不願把自己定格在鐵窗裡。為了藍天的明麗、道路的正直，歷史創作者的藝術追求將生命寄託於美，這樣，儘管歷史可能有不盡如人意的斷裂和瑕疵，但畢竟為後人提供了共同的理想與期待，生命和民族能否經受住打擊並健康地活著正緣於此。

人生不可失卻嚴肅，也不可過於嚴肅，偶爾感受遊戲的灑脫與投入是必要的，但以遊戲人生的態度處世則萬萬不可，在胸有成竹的準備之後，可以坦蕩的心境品茗煮酒，東風遲早會來，但這種準備必須完善，我們應在現實主義史詩中吟唱浪漫主義的歌謠。

梁惠王贈惠施大瓠之種，惠施用心種植而長成，瓠碩大而質地鬆軟，做酒壺提不起，做水瓢盛水少；實乃大而無用。惠施怒而擊碎之，莊子曰：你沒打算以之為「腰舟」，與你一同浮浪於江湖，開始美好的逍遙遊？怒而擊碎之，實在過於嚴肅。這時候，浮浪於江湖而開始逍遙遊，實乃恰到好處，藝術創作應該具有這種不乏嚴肅的灑脫情懷，戲說之度應在乎此。性格鮮明的人物和極富感染力的情節之所以在苦澀的幽默中讓藝術達到爐火純青的地步，在於作家把持好歷史解讀之度，使觀眾更切近地了解歷史的生動與真實。

生命的嚴肅居於日常的舉手投足中，禪曰：「悟道之前，砍柴挑水喝茶去；悟道之後，砍柴挑水喝茶去。」故作嚴肅與過度戲說都將生活抽離於日常生活之外，從而造成「失真」，藝術創作切

勿迷戀於「失真」。創作者將對歷史之大愛奉獻給身邊的生命是愜意的，在後代人的目光中埋藏一枚枚善良的種子，注定生根發芽，他們會在對歷史的承繼中感到生命的真實，繼而穿越心靈。反之，當嚴肅被各種戲說的符號消磨殆盡，當人們對嚴肅的生活加以「無所謂」的拒絕，當高尚的堅守越來越不被理解，歷史的背影漸漸遠去，人們對現實生活的把握可能因為「失重」而感到迷茫。

詩書人生滋味長

　　很多真實的感覺實則錯覺，比如人們在酒足飯飽時看到覬覦已久的美味，也會口舌生津，毫不顧忌胃的承受力，比如電風扇已經涼爽了周圍的空氣，我們仍渴望關閉門窗，以冷氣取而代之。冷氣的最大好處是自動調節室內的溫度，提供從熱變冷與從冷變熱的可能，但它只能在一定的空間內施展才華，在大自然的環境中感受冷氣的功能，它的微末道行簡直如同孫悟空之於如來佛了。人們的錯覺可能導致健康的問題，比如肥胖病，冷氣病與之相仿，據說他們都屬於「富貴病」，是生活水準提高的副產品。

　　大自然在流動中生長，死水與腐草不可能為人們提供呼吸抑或心理上的愉悅，長期不通風的環境對人體沒有好處，人們有理由與常吸取大自然的空氣，避免長久生活在不通風的環境中。冷氣的意義毋庸置疑，它是人類值得稱道的發明，是人類歷史上納涼與取暖的創舉，但對冷氣的依賴值得反思，為避免門外似火的驕陽，沉浸在冷氣製造的涼爽中，多日閉門不出，很難說是健康的生活方式。如今，賓館、餐廳、汽車都或多或少地被冷氣籠罩著，失寵的電風扇可能想不通，自己促進空氣流動，對人體有益無害，為什麼竟在冷氣流行的時候引退？儘管冷氣不斷改善自身的機能，避免種種弊端，但仍有專家呼籲人們使用電風扇，其實，冷氣的流行還有其他原因，比如安裝空間的節省，比電風扇擺放得更為雅觀……

　　如今的冷氣空調逐漸成為身分的象徵，使用高級空調似乎證明某種品味，使用電風扇似乎是落伍之舉，恰如電風扇流行的時候，

手持蒲扇的人們得到同情，他們可能因無錢購買電風扇而更多地承受酷夏的煎熬。冷氣的安裝加入了評比的動機，冷氣品牌的高貴與樣式的美觀往往是人們對家居品質加以比較的內容之一，殊不知，品味的較量不能缺失前提，比如應該知道空氣流通的道理。品味的差異很多時候都是不覺呈現的。某個貴婦人彬彬有禮地緘口不言，人們可能誇耀其品味之不俗，當她品頭論足的時候，不小心露出滿口的黑牙，不免令人大跌眼鏡，如果口氣中還有與品味不沾邊的味道，就更煞風景了。

冷氣的環保問題還不止於此，美國環保專家曾建議大家使用電風扇，因為電風扇耗費的電力比冷氣小得多。似乎有趣的是，很多人暗羨美國生活，當異域文化水土不服的時候，再嘗試用美國經驗逐一解決，對冷氣的改進大概如此。環保研究者李松先生說，「追趕美國，因為跑道是圓的，所以，竟讓人一時看不出誰是領先者」。斯言耐人尋味，「富貴病」的產生與揚棄往往是人類自我設置的彎路，繞來繞去，疲憊而少有所得，而在重新開啟另一段旅程的時候，還可能體驗繞來繞去的感覺，真是一種另類幽默！

頗有品味的名著《菜根譚》曾被譽為「處世奇書」：言淺旨深，文辭優美，有關為人處世的章節為現代人所重視。幾百年前的作品緣何有如此際遇？原因在於把握人生最平常之事，闡發不平常的道理，與讀者「心有戚戚焉」。當人們在疲憊抑或無聊的追逐之後，撫摸箱底那件外婆縫製的棉襖，是否會有心動的感覺？「布衣暖，菜根香，詩書滋味長」，品味應該印證獨特的文化風格，應該接近生活中最樸實的部分，「布衣」和「菜根」可能成為主流的產品，「詩書」可能是時尚的情結。高雅不在於佔有多少高貴的生活資源，柴契爾夫人在宴會上聲稱自己戴的是人造鑽石，絲毫不降低品味。當人們對奇異事物的獲取進入偏執狀態的時候，可能離生活

最為本真的部分越來越遙遠，這種文化盲點往往令人們在回首時無奈。

　　正如對冷氣的合理使用對人們利大於弊，關鍵在於人們如何調整自己的心態，起碼不能在領略錦衣玉食的時候忘卻其中是否有些成分頗為無益。走出文化盲點，是確立品味的必要中心，至少要追問我們的探求會產生多少負價值。以平常心處世，更可能具備時尚的資本，因為在行走的時候沒有脫離土地。

在現代社會中，
人類用各種手段追求進步，從而滿足自身的需要。
而這種所謂的進步所造成的負面效果卻往往要由其他的物種來承擔。
人類在現代生活製造了太多的垃圾，
如果仍然沒有環保意識和平衡物種間衝突的理念，
人們總有一天會為自己與自然之間的衝突付出代價，
在處理與自然的關係時，人類並未交出完美的答案卷。

學會與自然和諧相處

　　某座鹿苑以研究和繁育曾一度滅絕又重返故里的麋鹿而聞名，可是據說這裡的麋鹿卻並非平安無事，在牠們中間曾發生多次非正常死亡事件，死因應了一句老話：病從口入。一次次誤食塑膠垃圾導致腸阻塞，周邊沙化及垃圾侵害、水源匱乏、植被枯萎⋯⋯

　　對比麋鹿的災難，人類的境遇並不樂觀，低健康令都市人頗感無奈，精緻的茶點似乎不如粗茶淡飯有利於健康，長期坐車似乎不如散步有益，疾病總是悄然來臨⋯⋯人類儘管沒吃白色垃圾，但在歎息動物誤食白色垃圾的同時，幾乎用垃圾袋蒙住了自己的眼睛，似乎什麼都可以入胃，SARS就這樣走進人們的生活，SARS令人們恐懼，媒體披露果子狸可能是罪魁禍首，果子狸何其冤！在大自然自由生活的牠們被捕到籠子裡，繼而被製成佳餚並擺在樂食野味者的餐桌，然後因疾病而承擔罵名。

　　疾病的問題來源於人類自身，在處理與自然的關係時，人類並未交出完美的答案卷。夜晚的霓虹把城市照耀得如同白晝，顯示了城市擁擠頻繁的交流，具有不容忽視的積極意義，但人們似乎忘記了每天足夠睡眠的必要。競爭的壓力與保持競爭暫時勝利的負擔令人無暇放鬆，況且還有莫名其妙的食物進入了人們的胃，商品的品質令人擔憂，果蔬可能覆蓋太多的農藥、防腐劑和色素；蛋肉或許來源不明，盛放活魚的水盆怕被添加使魚活蹦亂跳的興奮劑⋯⋯很多事情似乎防不勝防！人類製造了改造基因食品，發明了催化動物生長的飼養辦法，從雞蛋到公雞的生長期縮減為原來的十分之一，

在白熾燈照耀中不停吃食的雛雞肥胖了身體，接著被人類吃進了肚子。

　　人類的生活製造了很多垃圾，據說目前存在的垃圾達數以億噸，每人平均的數量都十分驚人。垃圾的回收與再利用已經成為產業，庫里蒂巴的人們可以用舊瓶罐、廢報紙到市場上換回日常用品，有的超市開闢垃圾回收專櫃，學生因繳交回收品而獲得免費午餐，足見垃圾之豐足與人們回收意識之可貴。但各地處理垃圾的品質並不一致，將垃圾變廢為用的做法因條件所限未能普及，很多垃圾成堆擺放成為令人棘手的難題，老鼠在這裡大量生育，迎接地球藍色的回歸，似乎是與目前的境況尚有不小距離的理念。更何況，人類還製造了很多資訊垃圾，比如在網路上興高采烈地吞吐語言垃圾，對類似垃圾的閱讀破壞了人們的判斷力，子虛烏有的事情也可能令人感到「無風不起浪」，人們對很多「新聞」的瀏覽簡直如同處理垃圾。

　　新聞是對事實的報導，是不能製造的，製造的新聞沒有事實基礎，其用意在於引起重視，以產生新聞效應。形成具有新聞效應的假新聞，對這種新聞的閱讀或許具有一定的娛樂意義，卻無法達到了解生活動態的初衷，很多沉迷此類閱讀者對時光的拋擲更是令人不解。

　　可見，人類的境遇並不樂觀，種種非正常死亡的事實為傳統死亡不斷加以補充，從麋鹿的災難可以聯想到人與自然的對話方式，人類應該拒絕接受荒唐的價值標準，守望生活的精神家園，考慮長遠的利益，比如充分利用生活中的閒暇時光，探求自由與全面發展的各種可能，提高與自然對話的水準，至少要與自然和解而非對其破壞性開採，盡可能減少垃圾的製造能力，尋找解決垃圾的現代方式，拒絕對缺乏足夠閱讀意義的新聞的瀏覽。

「民以食為天」。麋鹿也應該以食為天，牠們誤食了塑膠垃圾，當然牠們不知道就醫問診吃腸胃藥，造成非正常死亡。人類是高等動物，生命力很頑強，可以感受亞健康。亞健康的困擾令人不安，疾病尚未來臨，疾病的症狀已經來臨，而亞健康源於都市人日常生活習慣的累積，是對人們無視身體承受能力的警告，是對人類創造與防禦能力的挑戰！人類具有超越麋鹿的絕對自信，具有挑戰自然的能力。人們會製造垃圾，會製造並使用農藥、防腐劑和色素，敢於將不能使用的物質添加在他人的食物裡⋯⋯麋鹿的死亡原因要問人，而人類的亞健康要問自己的良知！

強者所具備的意志和品質

　　堅定的意志對人生至關重要，因為缺乏堅定的意志，很多努力往往以「行百里者半九十」而結束，半途而廢，在接近成功的瞬間選擇放棄，確實令人遺憾。真正自信的人不會這樣做，他們相信人生的潛力是無窮的，而人生的道路不可能一帆風順，挫折和磨難孕育生機，之所以得到命運之神的垂青或許正在於此。具備堅定意志的強者，發掘自我潛力，不畏磨難困苦，不因外界的壓力而氣餒，為了理想堅韌不拔地奔跑著，從未感到疲憊。當每次勝利降臨的時候，他們的臉上緩緩地流露出生命綻放的色澤。

　　美國前總統尼克森說：「沒有堅定的意志，或者沒有強烈的自信，任何人都不可能成為重要的領袖人物。」

　　世界各地有很多輪船博物館，羅列退役的大船，供遊人駐足，很多巨船一生經歷無數磨難，包括狂風巨浪、鯊魚襲擊、冰山碰撞，始終沒有沉沒。當它在海上出現的時候，成為其他船隻的領航，退役之後仍具有史詩般的力量，「不幸釀造甜蜜」，所有的優越感都源於以往的打拚，世上沒有什麼事情的成功是無緣無故的。這樣的巨船帶給人們重要的啟示是，永無畏懼地勇往直前，「真金不怕火煉」，以堅定的意志支撐起蓬勃跳動之心，擺脫脆弱的幼稚病，當遇到艱難的人生處境，不怕「打落牙齒和血吞」，以超越的態度感受自我的成長。

　　具備堅定意志的強者應懂謀劃知進退善運籌，謀劃是通往成功的初期準備，也是達到目的的必要的前提。謀劃的境界與目標、品

味和追求的品質緊密相關，當自我完善的努力同時代、民族的發展連接在一起時，謀劃便閃爍歷史價值，使後世「須仰視才見」。真正高超的謀劃總是「得道多助」的，蘊涵著能夠承擔責任的智慧，開啟著新的力求輝煌的時代。進退即隨著事態發展而選擇的變動進程，退卻為了更好地前進，當機會難得或無路可退的時候，前進的動態便成了追求者的日後成就的態勢。

進退的正確判斷源於謀略者的富有遠見的智慧發揮，而當我們感到已經無路可退的時候，其實正是前進的開始，這樣的前進是絕對不可以伴隨勇氣的缺席的。運籌掌握著遠景規劃和近景實施，強者在縝密的思慮過後，做出游刃有餘的發言。運籌講求境界，沒有境界的運籌則涉及惡謀了，運籌的實踐程度不僅決定於主體的能力和水準，還講求參與者的誠意和社會的反應，總要在多元的背景中完成。強者不是莽夫，他們能看到事件發展的前後態勢，讓勇敢和智謀的結晶光芒四射，避免在未來的發展中遭遇迷失的苦楚，這種努力並非後人單純的讚美評價，要理解偉大的意志無不浸潤著高遠的文化意境。

強者坦然面對得失，「有得必有失」，「有失必有得」。在求取利益的時候，每個人都渴望能夠獲得更多，而並不總是有人能夠實現最初的願望。因為不是誰都能夠真正看清得失的實際格局，看似「得」的很多事情實際上結的是「失」的苦果。而所有的追求都不要過於貪婪，應權衡利弊以決策，捨得，捨得，不捨怎麼能夠得呢？在這個意義上，強者的性情往往是不受約束的，不受約束是對自由的道德境遇的張揚，這樣的張揚處於難以把握的膨脹與收縮的迭變中，忘我的沉醉極易碎裂。更何況，不受約束難以擺脫名利的糾纏，不受約束者的結局總不樂觀，但人生不可缺少不受約束，不受約束看似灑脫，還應秉持對人生踏實的堅守，堅守是赤誠的表

達。面對艱難挫折,強者用矢志不移的勇氣和力量堅持世所公認的
真理,他們的人格境界總是讓人們感到熱血沸騰的深沉。

天然去雕飾

「清水出芙蓉，天然去雕飾。」自然之美是經得起推敲的格調。因為隨緣，生活洋溢著樂觀的色澤，這種樂觀不因為生活之闊綽，全在於心境之平和。賀麟先生說，「悲觀」不是「觀悲」，心理學家研究「悲觀」實則「觀悲」；「樂觀」不是「觀樂」，赴劇院看「樂觀」的表演實則「觀樂」，「悲觀」與「樂觀」反映了人們的生活態度以及人們對生活的認識程度。「多數人的樂觀，只是天真素樸不知人世艱險的樂觀，而不是真正的、批評的、理想的、基於學養的樂觀。悲觀論可以說是恰好對於天真素樸的樂觀論加以否定。悲觀論者提出問題，指出困難，揭出艱險，顯出人世猙獰面目的真相，使膚淺輕浮的樂觀論者，遭受嚴重的打擊，因而趨於深刻化。」人生並非充滿樂觀的盛宴，有各種悲傷令人感懷，關鍵是具備「真正的、批評的、理想的、基於學養的樂觀」，超越艱難，以自然的態度感受生命的意境。

多年前，一位好友沉浸於時尚的氛圍，但表情近乎天真自然的清麗。在都市繽紛的節奏中，這清麗讓人感到意外，她的世界是充滿哲理的童話，似乎容不得媚俗和造作，看不到雕飾的痕跡。她始終微笑地面對每個人，不因清麗而成為脫離現實的月光，而以明媚的方式反射太陽的光明。

我們偶爾一起吃午飯，每當她請客時，我總能聽到有人誇張地聲明自己花了一點「小錢」，希望我不要笑話。即使品嘗麵疙瘩、豆腐湯，某種格調都給人幾分愉快。她曾跑遍百貨市場，買來兩雙

紅襪子，聲稱圖個吉祥；又在一個結冰的午後，送來一副皮手套，淘氣地說懇請海涵。我們曾在一所名校學外語，有一天，她穿著端莊的旗袍來找我，坐在商城的茶館聊天，樓頂是放養的鴿群，她緩緩地調著奶茶，淡淡的感傷融在古典的旗袍裡，散發著耐人尋味的氣質。友誼是美麗的，她樸實的話讓我記憶猶新：「只要堅持，就意味著成功。」「無論何時，都要超越自己。」後來，她到大西洋彼岸追尋生活的意義，視之為如花生命的重要選擇。臨走時說了兩個字：「保重」。讓我產生莫名的感動。

格調是涵養與善良的自然流露，舒緩的格調充滿詩意，透露著「學養」，匆忙的格調往往疏於品味，泰戈爾曾感歎：「在匆忙紛亂的絕望年代，抒情詩女神走上她的旅途，去赴心的約會，也得搭電車或公共汽車。」詩翁拒絕無謂的匆忙，但匆忙是難免的。好友曾在越洋電話中與我討論某個文化問題，後來她說讓我等等，我以為她去給誰開門，誰知她說早課要開始了，穿鞋的短暫時光也願意在愉快的聊天中度過。匆忙的節奏亦不乏詩意，因此，格調的文化品味是滋潤日常生活的時尚泉源。生活不能過於匆忙，儘管現實的選擇往往因為條件限制而無法在自由的境遇中展開，其實質是以妥協的方式降落在未盡理想的枝頭，但盡量細緻地感受生活的變遷，做出符合個性的選擇，當會感到順風飛揚。

人們對時尚的追逐與雕琢幾乎同步，殊不知，真正的時尚是天然的，天然是生活智慧的出發點和歸宿，正如芙蓉生長在清水中，葉片上點點露珠述說著美好，散發快樂的清純。刻意的雕琢總是離我們的願望越來越遠，即使聲明追求天然風格的雕飾也無法體認純真的力量，因為做作的痕跡無聲地述說著差異。品讀天然的時尚如同感受久違的清麗和恬靜，獲得哲學的生命境界。馮友蘭先生說，哲學「是使人作為人能夠成為人，而不是成為某種人」。如是，恰

如海德格爾考證古希臘的「技術」，哲學訴求自然的意境指向生命的綻放。

　　生命不能離開自然，當我們平靜地翻閱《黃帝內經》，應知冷熱變換的自然節律，「當熱不熱，五穀不結」。過量的消費帶來的麻煩已超過令人沾沾自喜的所得，與其渾然不知，不如領悟時尚的自然之美，穿越生活的迷宮，而真純的意象從未走遠。友誼也是如此，刻意的營造與網路的編織，總是增多生活的附加值，讓我們本來渴望輕鬆的心靈遭遇沉重，違背生活初衷。

追憶生命的情懷

　　那是陽光中生長的花，淡藍色的芳菲溢滿樸素的渴望，斑駁的根莖寫意著遙遠的思緒。清晨有晶瑩的露珠點綴其上，夜晚在幽靜中透出淡雅的馨香，這種花名為「勿忘我」，也叫「野菊花」。多年前一位賣花的老人給我講述過關於野菊花的傳說。

　　傳說很久以前，不咸山老嶺下，滿番罕江畔有個玄菟國，是遠古少昊的後代建立的灌都山城。在老灌都王去世之後，她的女兒——美貌絕倫又英勇善戰的黃花公主接替了王位。在鎮守山城的千軍萬馬之中，有兩員驍勇善戰的大將，一個是忠誠英俊的金悍；另一個是機智狡詐的牟虞，兩人都暗戀著美麗的公主。時光荏苒，美麗的黃花公主越發喜歡上了英俊忠誠的金悍，有時候就悄悄地跟他說心裡話，牟虞看在眼裡急在心上。

　　那天，黃花公主率領幾員大將和親兵到龍岡山打獵，天色漸晚，公主讓士兵搭起帳篷，點燃篝火，吩咐大家盡情地吃喝。將士們都暢快地跳起了太平舞，牟虞乘機將蒙汗藥倒進金悍將軍的酒杯裡。忠厚的金悍跳舞之後，毫無戒心地將酒喝乾，便沉沉睡去。接著，牟虞暗派兩名親兵把昏睡的金悍偷偷抬進黃花公主的帳篷裡，又特意囑咐將金悍的上衣脫掉，再放在公主的床上。

　　月牙偏西，將士們歌息了舞停了，篝火也不多了。公主

派人扶她回帳篷，看到床上躺著個赤裸的男子，不覺間羞憤難忍地抽劍刺去。可是定睛一看的時候，竟是自己心愛的金悍，她知道他絕非輕薄者，若非被人陷害絕對不會如此，否則，劍破皮肉又如何不知？此時，劍不刺，以後如何面對灌都臣民？可若刺，此生恐怕再不會有這樣情投意合的將軍，終在長歎之後血濺帳篷。回京後，黃花公主痛心厚葬金悍將軍，在灌都城郊用巨石修築了浩大的將軍石棚。當冤死的金悍下葬時，公主手捧淡藍色的野菊花供在墓前，無比悲痛地哭著發誓，她的眼淚隨著他的生命化作了永恆：「今生我永不嫁人，只求你勿忘我，勿忘我。」

故事講過之後，老人眼中滿溢淚水：「年輕人，好好珍惜吧！」飽經風霜的老人可能有不凡的愛情旅程，曾在愛情古道上尋找過白駒過隙的軌跡。謝過老人之後，走在繁華的大街上，我對愛情有了全新的感覺和視角：很多事情除了擁有精美的包裝之外，還蘊涵著實質的內容，就如同「勿忘我」，或如「我愛你」這種被無數人說過無數變得有內容或沒多少內容的言語。每年的情人節，大街上都有很多平凡的情侶享受著彼此的浪漫，浪漫之餘應有其他更具生活內容的渴望。比如在漂泊中追夢的邊緣奔波者看到快樂環繞的曙光，比如山村裡期盼讀書的孩子能早日實現自己的願望，比如深愛的對方漸漸融化彼此……

婚姻是一座城，情愛也是一座城，浪漫在血液裡永遠不會消失。這是我們對古人情感的傳承，數位時代的浪漫仍然風情萬種，依然拒絕無價值的欲望的侵擾，儘管浪漫可能是夢，但生活中的夢非常美麗，生活也不能沒有夢幻。當生命的感受和領略已達到成熟

的時刻，能抓在手裡的才成為未來，別不停更換戀愛對象。在自我感覺良好的時候，真愛可能悄然遠走。愛情映射了平淡的自然，黃昏樓群，三兩隻歸燕，我們對他人愛情的品讀與感歎之所以有意義，因為有機會與其共同完成人性的超越。因此，深深地祝福他們，似乎就等於深深地祝福我們自己。

在鋼筋水泥交織的都市，老年人對革命時代的追憶，中年人對青年時代的追憶，青年人對學生時的純真年代的追憶……漸漸浮出純真與嘈雜、簡單與複雜等的對立，逝去的時光令人謳歌，以擺脫失卻意識的匱乏。而在情愛平台上，我們不應該失憶，不應該忘卻曾經的抒情，不應該在繁忙的節奏中忽略情愛的增值。愛情因堅守而高貴，因執著而動人，因感受愛的一舉一動，一顰一笑，一字一句，一呼一吸，一絲一毫的存在而銘刻於生命，甜言蜜語的速食式男女交往在真愛面前，只能作殘缺的無內容的演出，從而在落寞之中流走有意義的生命。

歷史是遙遠而切近的存在，它穩坐於過去而連通現在，
從如今把握歷史，難免因為距離而感到霧裡看花，
擦亮歷史的眼睛至關重要。
歷史體認時間的意義，表達終極關懷，反映人們對精神家園的牽掛。
領會歷史事件的意蘊及此時此地的人文環境非常重要，
這種領會的前提當然是對歷史事實的敬畏和尊重。
對歷史文本的解讀與對歷史遺蹟的駐足同樣重要，
把握了歷史，我們才能更好地面對將來。

品味歷史的格調

　　歷史是遙遠而切近的存在，她穩坐於過去而連接現在，從如今把握歷史，難免因為距離而感到霧裡看花，擦亮歷史的眼睛至關重要。黑格爾認為：「熟知非真知。」此言意味深厚，對歷史的公式化理解未必有益，領會歷史事件的意蘊及斯時斯地的人文環境非常重要，這種領會的前提當然是對歷史事實的敬畏和尊重，歷史的浪花總是舞動在事實的海洋上。對歷史文本的解讀與對歷史遺蹟的佇足同樣重要，當我們站在格調高遠的歷史遺蹟處，總能感到蒼涼遠遠襲來。

　　在某個冬天曾隻身踏著積雪，走進夢中縈繞過千百次的「萬園之園」。沒有繁華，沒有松，只有瘦弱的枯柳和銀妝素裹的矮山，穿梭著北風，歷史原來竟是這般的空曠。走在往昔富麗堂皇的舊園裡，一個人，連著影子，遊弋在一片白色妝點的靜寂中，除了在湖中央紅色的小橋旁支起三角架的攝影發燒友之外，就是一群相互為伴的鳥兒飛回自己的巢，拒絕遷徙卻面對著北風，不住地啼叫著……看來，用「冷清」來形容這座殘園是不為過的。歷史以這樣的方式開啟她的布幕。

　　圓明園殘垣斷壁，身後、眼前、兩側，偌大的空間裡安排著冷靜沉思的我。余秋雨先生說：「沒有廢墟的世界太累了，沒有廢墟的世界太擠了，掩蓋廢墟的舉動太偽詐了。」歷史不是白紙也不是橡皮擦，不能夠被人塗抹捏弄，歷史就像這座殘園裡曾剛出窯的青磚，雖然如今早已碎裂抑或風化，但在後人的想像中還是他那還原

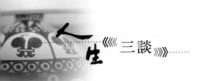

後的影像。殘園絕不是廢園。操著文化的眼光和閱讀的角度，一切的修繕與重建都力圖還歷史，卻不能抗拒歲月本身的份量。因此，歷史不因重修而改換容顏，它的昭示對今天和明天仍有重要的意義。

　　面對廢墟，天南海北的炎黃子孫爭相在「大水法」前留影，這留影富有歷史感且顯得彌足珍貴。因為在晚清社會通往現代社會的路上，殘園是一種昭示、一個羅盤。正如雨果所說：「幾乎超人類的想像力所創作的全部成果被英吉利和法蘭西這兩個無恥之徒勾肩搭背、眉開眼笑地帶回了歐洲。」往昔的悲劇或許令人難過，但赤誠的悲壯卻因此雄起。如今從那繁雜的花紋上，不難想像當年的氣派，民族的滄桑都已化作這孤零零的石柱，在歷史的風沙中漸漸暗淡，繼而成為今天人們拍照的背景。對於匆匆而過的遊人來說，這背景無疑是厚重沉著的，代表著訣別，表達著新生，難怪人們說圓明園是歷史文化矽谷。在歷史文化矽谷，不難感受很多事情被不斷地叩問繼而被執著地超越，只有在追問歷史步履匆匆背後的文化成因時，承載歷史的追求者才能深感人生的繁忙與幸福！

　　從「大水法」向西是一處迷宮，迷宮由比肩的磚牆組成，露天的迷宮裡聚集著許多遊人，人們躍躍欲試的舉動是跨越時間的對話。迷宮如歷史的眼睛在檢索人們，置身其中，來回地折來折去，真的有些令人感到迷離，可越是迷離便越是加重遊人的興致，我終於發覺：今天一路的冷清竟會如此起承轉合。穿越迷宮時，前方是一對母女，她們已經轉了很久了，卻仍然沒有找到出口，母親的腳步開始顯得急躁，這時，一個清脆的童聲響起：「媽媽，我們還能找回來時的路嗎？」母親停下來，微笑地抱起孩子，接著將她高高地舉過頭頂，眺望和平視的眼界截然不同，那是讓人明智的高度。「媽媽，我看到出口了！我看到出口了！！」一個更清脆的童聲響

起來了……

　　我們還能找回來時的路嗎？歷史終將前進，就如同我們保留殘園，從如今的現代走向未來的現代。歷史體會時間的意義，表達終極關懷，反映人們對精神家園的牽掛，在解讀歷史過程中，「每一個心靈都有他的望遠鏡」，不同的閱讀視角會產生不同的評價。但對歷史的尊重應該是共同的，「忘記歷史就意味著背叛」，其意蘊於久遠的歷史事件與正在發生的人生事件皆有所指涉，在這個意義上，我們務必擦亮歷史的眼睛，從如今的視窗連接歷史與未來。

自我生活中的時尚世界

　　在紛繁變遷的世界，時尚以短跑衝刺的速度進入日常生活，品味之現代之後現代之新生代之晚生代之晚晚生代，多元化漸漸告訴我們：有一百個時尚中人，就會有一百種時尚方式。

　　這裡簡單說兩種情景：一為趙錢孫李周吳鄭王，工作之餘邀約：「同去，同去！」於是到某個時尚酒吧，開懷暢飲；大談邁克爾、柯林頓、戴安娜，天南地北。間或透過窗外，看著街上花枝招展的女人們，自然多了話題。在這裡，可以放鬆地實話實說，認同的「時尚」經久不衰。二為瓊斯、約翰、史蒂芬，據報載：某企業總裁和外商洽談生意後，隆重邀請對方打保齡球，對方欣然前往，當得知該活動乃是貴重禮節，就感到意外了：美國的小孩子都經常打保齡球，在國內常玩的遊戲，何苦越洋跨海來重複？看來，跟隨他人的時尚節拍，很難站在時尚的前沿。

　　很多從事時尚職業的人都自我感覺很好，比如網路設計人士，儘管還有很多一般人民關心著柴米油鹽，沒有網頁，沒有電子郵件，卻守著心愛的女人自得其樂。又如手機族，如同衛斯理小說裡的「戈壁沙漠」，手持「彩色貝殼」變幻精彩的鈴聲。有時候，手機就像黃宏小品裡的幽默道具。一天晚上，送朋友回家，在街上看見一個打扮時髦的女人自言自語，誇張的動作和動情的聲音讓人擔心她的精神出了問題。朋友說別擔心，天黑看不清，如果沒猜錯的話，她一定正使用手機的耳機，手機族對外界事物的忽視似乎令人難以理解。有趣的是，在回來的路上，我刻意觀望這個可愛的手機

族，卻聽到了救護車的鳴笛聲，車身標著精神病院的字樣……

有人能「自造」一種手機。有一次，在一所師範大學的宿舍樓下與幾個朋友聊天，由於即將搬遷，這所學校沒有安裝寢室電話。已到熄燈的時候，我們看見宿舍三層和六層的陽台上分別躍出一男一女，兩人拿著用繩子連接好的空易開罐，朋友見怪不怪：新式手機，操作簡單，使用靈活。兩個空易開罐和一條繩子的組合具有傳聲功能，我們雖然聽不清楚他們說什麼，卻看到他們洋溢著的幸福表情。

如今，手機的使用早已不能表達貴族情結抑或紳士風度，時尚在平民化，生活中的我們不應該賦予它太多的延伸，覺得離了手機，地球轉得就不一樣了；其實，離了什麼？地球都照轉不誤，只是你的感覺變了而已。更重要的是，不要在手機的交往之中失去自我，抑或沉浸在影片《手機》主人翁的尷尬之中，否則，只能時尚在自己的時代，而落伍在別人的視野。

在時尚的最前線，不乏有人樂於拿出流行的手機，感受地球村村民資源分享的快樂。有一位朋友，手機從「大磚頭」到「掌中寶」，型號和層次越來越高，功能和存儲越來越多，可他是英語世界的文盲，偶有一日不慎按錯鍵盤，頓時方寸大亂，若找不到明白此道之人，就得受現代罪，為蹩腳的事實摒棄時尚，豈非可笑。誰能領起新一輪時尚？提出這個問題的同時，想起一個與時尚似乎沒有多大關係的故事：

> 在安靜的漁村，退潮之後不久，幾個在海邊嬉戲的孩子奔跑在沙灘上，他們把在沙子、岩石中掙扎的小魚拋向浪花，小魚很多，孩子們跑得滿頭大汗，很多大人勸他們，這麼做有什麼意義呢？每天都有許多小魚留在沙灘上，多得撿不完，更何

況，誰在乎你們這種舉動？這時候，一個孩子指著手中剛撿起的一條蹦跳的小魚說：這條小魚在乎！這些孩子的陽光之舉何其高尚！

　　時尚的人群中充斥著很多「東施」，穿梭在不同的「盲點」中疲憊不堪，無疑自找煩惱。有一位朋友熱中於跟隨電子產品的變化，盡可能在該類產品的過渡時期獲取某種優惠，卻總是莫名其妙地走入優惠的反面。比如購買網卡，沒等體驗便宜，就遭遇網卡的過期……時尚世界的格調在於參與者的創造活力，其實質在於自我體驗，缺失活力的簡單追隨往往令人疲憊而少有所得，漸漸地徬徨在活色生香的時空。在這個意義上，拯救「這條小魚」的命運，便是創造自己的時尚生活。

在現代生活中，我們經常為焦慮所困擾，特別是當突發事件襲來的時候，
恐慌往往以誇張的方式遮蔽理智，心靈的平靜為不安佔據。
為生命注入堅強的力量，面對他者的恐慌與不安，
坦然而平靜地經歷日常生活，
審視自我是否具備「平常」的人生態度，確實考驗人們的世界觀。
用隨緣的灑脫心態面對焦慮的世界，
拒絕焦慮對生活的糾纏，生命的多層次意義就會悄然顯現。

遠離焦慮帶來的糾纏

我們經常為焦慮所困擾，特別是當突發事件襲來的時候，恐慌往往以誇張的方式遮蔽理智，心靈的平靜為不安佔據，人們應該以隨緣的灑脫心態面對以往焦慮的世界，拒絕焦慮對生活的糾纏。但這種努力殊為不易，因為其著力於挑戰人性的弱點，為生命注入堅強的力量，面對他者的恐慌與不安，坦然而平靜地經歷日常生活，審視自我是否具備「平常」的人生態度，確實考驗人們的世界觀。孔子對顏回頗感傷地說：太陽是從東方出來的，到西邊就會沉落。萬物生長有一定之規，焦慮無益身心健康，而周遭仍順應自然規律生生不息、日夜更替。對大多數人來說，之所以記住SARS或其他類似問題的氛圍，並不在於疾病的折磨，往往來自非疾病的經歷，更多的乃是對疾病與自我關聯的恐慌，抑或對「集體無意識」的回憶。

一位朋友打來電話的時候，傳來交談的背景音樂，是用薩克斯風演奏的迷人的夜曲《回家》。在SARS令人高度緊張期間，我們都為患病人數的減少和康復人數的增多而欣慰，他在提及那個病毒的名稱時用音近的「薩克斯」代替，似乎是在輕鬆地談論音樂。我幾次想告訴他讀音的問題，又擔憂可能打斷音樂的思維，終於沒有開口。這個夜晚似乎很安靜，《回家》的旋律在這樣的安靜中表達著豐富的意蘊，每個聽到如此柔美音樂的人都可能忘記浮躁的疲憊和倏忽而至的焦慮。

我們當然也忘了焦慮，儘管當時已經因公司出現疑似病情而被

隔離三天了，電視畫面上有很多白衣天使在從容地忙碌著。夜幕即將來臨，偶爾有鴿子拍打著翅膀回巢，他說自己正在用電鍋燒飯。飯鍋裡還有鄰居送來的綠豆，據說可以清熱解毒，還可以提高免疫力。他說自己的兒子如今正在音樂學院的教室吹奏薩克斯風，儘管也在隔離，但是在這個靜謐的時段裡創作了好幾首曲子。而《回家》是他們最愛聽的夜曲，他說每當聽到這首曲子的時候，就能夠記起總是提醒兒子早點回家。他說自己經常在這首夜曲中獲取靜謐的力量，在追求中會無所畏懼，因為生命中還有溫暖的家可以作為人生的港灣。

我們又提到電視畫面上的白衣天使，他說能在這群可歌可泣的人們身上看到韻律，似乎匆忙似乎堅毅又似乎充滿柔情。我突然很好奇，看著電視畫面上緊張的場面，感到的只有使命、責任和崇高，感到這個夜晚的獨特。電話那頭的薩克斯風依然悠揚著，going home，漸漸將夜晚烘托成平靜的湖水，湖上飄著供詩意徜徉的船。有很多久違的情愫遠遠飄來，人們在預防SARS的同時，似乎也擺脫了冷漠、盲從和無聊的糾纏，開始關注有益於健康的生活方式，比如說徜徉在音樂的旋律裡，領悟家的溫暖，品味親情的甘醇。

這首夜曲在這個夜晚循環地播放著，漸漸將時間充滿，電鍋裡的綠豆大概已經熟了。這樣的背景似乎適於反思，回味捨本逐末之舉，在奔波的時候總是忘記支撐著前進的來源。窗外的大街上有老人在散步，慢慢踱著踏實的步伐，健康如同他們的糧食，平和的心態是他們的維生素，音樂已經生長在他們的心裡，他們似乎從未表露出畏懼，總是隨遇而安地摒棄焦慮。他們應該深知，不同的人們在不同的時段可能產生不同的生命音階，都可能有波峰和波谷的變幻，但不能忘記的是，生命的最強音始終引導著心靈向最值得憧憬的地方攀登。

聰明人大都很隨緣，他們知道任何事情都有來龍去脈，
正如苦心追求的常常是夢，無意遇到的恰恰是真，莫不如自然而然。
「萬事皆有因緣」，很多看似美好的嚮往可能因為缺乏長遠的思慮而遭遇坎坷，
面對生活的波瀾起伏，應該設置穩定的心理支撐，在把握生活規律的過程中，
強大的心理能量是我們戰勝一切困難和保持內心寧靜的法寶。

萬事皆有因緣

聰明人大都很隨緣，他們知道任何事情都有來龍去脈，正如苦心追求的常常是夢，無意遇到的恰恰是真，莫不如自然而然。生活中人們把難以拆解的問題歸納為「緣分」，這是理性之外的表達，往往表露出對「緣分」的珍愛。琢磨醋是從哪兒酸的？鹽是從哪兒鹹的？應該看到事物運轉的起承轉合，從「緣分」角度思考問題，或能擺脫盲點，使以往想不開的問題雲開霧散。

對因緣的感喟使人們敬畏「天意」，知道很多事情非人力能及，或曰生活的事實印證了人的有限存在。找到支點可以撬起地球，使人具備成為人的智慧，但人畢竟不能撬起生於斯、長於斯的家園。萬物長於本然而成於自然，「銖積寸累，遂成丈匹」，功到自然成。常思事物運作的道理，平衡潛滋暗長的誘惑，會逐漸累積人生智慧，使平常人避免舉目迷茫，使成功者避免滿眼滄桑。

人們渴望結緣，透過廣結善緣增強自身的認識能力和實踐水準，但有時「惡緣」與「善緣」糾纏於其中。人們煩惱於「惡緣」影響自身的走勢，渴望善緣支撐奔走的腳步，但複雜的人生釋放著豐富的喜怒哀樂，恰如張恨水在《啼笑因緣》中演繹的故事，生活往往不決定於誰一己之念，正是其複雜成就了人生。慣於耍小聰明的人在大因緣面前往往看清自己並不智慧，禪曰：「惡人害賢者，猶仰天而唾。唾不至天，還從己墮。逆風揚塵，塵不至彼，還汙己身。賢不可毀，禍必滅己。」小聰明形成的功力只屬於表層的夢幻，若失去踏實進取的人生態度，智慧的力量是很難得以呈現的。

　　隨緣是人們認可的智慧，這種豁達的心態避免人生有價值的流失，在健康的成長中體驗競爭的生活，生活期待從容，從容使人保持內心寧靜，不至於瘋狂或沉淪。自然災害非常恐怖，人們一度到遼闊的草原不辭辛勞地燒荒翻地，多年未開掘的養分起初發揮了功效，糧食高產增收，但草原覆蓋的大部分是沙土，幾年後不但種不出糧食，連草都沒辦法生長，再以後便瀰漫成家喻戶曉的沙塵暴。人們通常認為，有使用價值的事物才有存在的充分理由，我們不能缺少糧食，因為糧食能滿足溫飽，人沒有反芻的胃，很難消化草根，草應該給糧食讓出地方。但事情沒有這麼簡單，沙塵暴證明了草的價值，鋤草思維缺少對事物發展起承轉合的思考。

　　「萬事皆有因緣」，很多看似美好的嚮往可能因為缺乏長遠的思慮而遭遇坎坷。面對生活的波瀾起伏，應該設置穩定的心理支撐，在把握生活規律的過程中，將無益的元素加以剝離，對有用的元素加以提升。因緣是頗為複雜的存在，從高深的角度看，乃是哲學家致力思考的事情，可能因過於複雜而使平常人困惑，但平常人可以從最宏觀的角度把握。凡事考慮因果，從縱深層次思考問題，做「水中魚」而不做「水上油」，方能以沉穩的力量浮出水面；不在乎一時一地的得失，而在寬闊的海面跳躍，甚至自由自在地奔走如飛。

■附錄一

人生勵志語錄：

一. 忠誠篇

① 一個人的思想決定他的為人，決定他的未來。

② 那些不能勝任、沒有敬業精神的人，都被摒棄在就業的大門之外，只有那些勤奮能幹、自動自發的人才會被留下來。

③ 在你們開始工作時，不要過分考慮薪水問題！要注重工作本身給你帶來的收穫——發展你們的技能，提升你們的人格品質……

④ 請記住，當你說老闆刻薄時，恰恰證明你自己是刻薄的；當你說公司管理到處都是問題時，恰恰是你自己也有問題。

⑤ 以七分心血去發掘優點，用三分心思去挑剔缺點。

⑥ 無知與眼高手低是青少年最容易犯下的兩個錯誤，也是導致頻繁失敗的主要原因。

⑦ 成功的定律是：心態＋目標＋方法＋行動＝成功。

⑧ 儘管行動並不一定會帶來理想的結果，但是不行動則一定不會帶來任何結果。

⑨ 工作時虛度光陰會傷害你的雇主，但傷害更深的是你自己。

⑩ 生命中最好的獎勵並不是來自財富的累積，而是由熱忱帶來的精神上的滿足。

⑪ 比其他事情更重要的是，你們需要盡心盡力地把一件事情做得盡善盡美；與其他有能力做這件事的人相比，如果你能做的更好，那麼，你就永遠不會失業。

⑫ 開水燒到99℃，你想差不多了，不用再燒了；很抱歉，你永遠喝不到真正的開水。

⑬ 有一個主管曾說，資歷很好的人實在很多，但都缺乏一個非常重要的成功因素──這就是執行能力。

⑭ 關於偉大人物的名言中，有一句給我的印象特別深刻。「許多人的生命之所以偉大，是因為他們承受了巨大的苦難。」

⑮ 如果什麼事都要「條件具備」才去行動，那將永遠一事無成。

⑯ 生活如同一盤棋，你的對手是時間，假如你行動前猶豫不決，你將因時間過長而痛失這盤棋，你的對手是不容許你猶豫不決的！

⑰ 緊緊追蹤四輪車到星球上去，要比在泥濘的道路上追蹤蝸牛的行跡更容易達到自己的目標！

⑱ 如果你能真正做好一枚別針，應該比你製造出粗陋的蒸汽機賺到的錢更多。

⑲ 「沒有任何藉口」是美國西點軍校200年來奉行的最重要的行為準則，是西點軍校傳授給每一位新生的第一個理念。

⑳ 據說美國前總統杜魯門的桌子上擺著一個牌子，上面寫著：Book of stop here（問題到此為止）。

㉑ 麥克阿瑟將軍在西點軍校發表了那篇著名的、激動人心的演講《責任──榮譽──國家》。

㉒ 向我們論別人是非的，也會向別人論我們的是非。

㉓ 少數人需要智慧加勤奮，而多數人卻要靠忠誠和勤奮。

㉔ 行為重複多次以後就會變習慣，似乎不費吹灰之力就可以
無意識地、反覆做同樣的事情，到後來不這樣做已經不可
能了，於是形成了人的品性。

㉕ 每個學員無論在什麼時候，無論穿軍裝與否，無論是在西
點內還是在西點外，也無論是擔任警衛、宿舍值班員還是
執勤軍官等公務，都有義務、有責任履行自己的職責。
——西點學員章程

㉖ 西點成員的舉止言談謙虛，品格高尚，勇於負責，富有無
私無畏的愛國主義精神，這是他們對我們社會的最大貢
獻。

㉗ 誠實及敬業的名聲是人生最大的財富。

㉘ 西點學生絕不說謊、欺騙或偷竊，也不容忍他人如此的行
為。——西點榮譽守則

㉙ 華盛頓、林肯之所以會當選美國總統，不是因為其能力，
而是因為其品格。

二. EQ篇

❶ 智商高的聰明人卻不一定都是成功者，這說明，智商的高
低並不能決定成就的大小，情商才是影響智商的最重要因
素。

❷ 動動腦筋，尋找辦法，但這並不是說，所有的成功都會來
自你的智慧，更重要的是，你要發現自己的不足，讓你的
性格和情緒得以完善。

❸ 在人類的進化歷程中，內在的情感一次又一次反覆出現，
直至烙印在神經系統，成為先天的、自主性的情緒反應傾

向，這再次證實了情感的存在價值。

④ 當人們面臨挫折、失敗和危險的時候，僅靠理智是不足以解決問題的，它還需要情感來作為引導。

⑤ 人都有五彩繽紛的情緒世界，釋放積極情緒和調節消極情緒，能保持生命健康成長，激勵自己踏上成功的人生之路。

⑥ 如果沒有那位老者的忠告，如果放任恐懼、悲傷、絕望的情緒在我的心中瀰漫，很難想像，我還能活著出來。

⑦ 情商比智商更重要，如果說智商更多地被用來預測一個人的學業成績，那麼，情商則能被用於預測一個人能否取得職業上的成功。

⑧ 情商是一種能力，是一種準確觀察、評價和表達情緒的能力，一種接近並產生感情，以促進思考的能力，一種調節情緒，以幫助情緒和智力發展的能力。

⑨ 這位候選人雖然智商很高，但明顯的是他缺乏高的情商，他不懂得利用情商表達和控制自己的劣質情緒。

⑩ 情商的高低，可以決定一個人的其他能力（包括智力）能否發揮到極致，從而決定他的人生有多大的成就。

⑪ 人在陷入某種情緒中時往往並不自知，總是在事情發生過後才會發現。

⑫ 像兔子嗅到從狐狸身上飄過的氣息就立刻屏氣斂神，像史前哺乳類一見到攫食的恐龍便四散逃匿，一種內在的警覺控制了我，迫使我暫停，多加小心，警惕步步逼近的危險。

⑬ 高情商者是自我覺知型的人，他們瞭解自己的情緒，對自己情緒狀態能進行認知、體察和監控。他們具備自我意

識，能在情緒紛擾中保持中立自省的能力。

⑭ 人生的棋局該由自己來設計，不要從別人身上找尋自己，應該經常自省並塑造自我。

⑮ 認識了自己，你就是一座金礦，你就能夠在人生中展現出應有的風采。認識了自我，你就成功了一半。

⑯ 哲學家亞里斯多德認為，對自己的瞭解不僅僅是最困難的事情，而且也是最殘酷的事情。

⑰ 認識自我，你就是一座金礦，你就一定能夠在自己的人生中展現出應有的風采。

⑱ 善於瞭解自己情緒的人，大多善於協調或順應他人的情感，輕而易舉地將他人的情緒納入自己的思維。這樣，在交往和溝通中將一帆風順。

⑲ 如果你的自信心是一個低能者，你就會在自己內心深處的那塊螢幕上，經常看到一個無所作為、不受人重視的平庸小人物。

⑳ 恐懼本是人類進化過程中遺留下來的原始情緒，驅使我們遠離危險、保護家人。然而，恐懼使父親甚至沒來得及聽出女兒的聲音，沒來得及看清槍口對準的是誰，便開槍了。

㉑ 衝突是由劣質情緒引起的，在人的內心他會留下難以磨滅的印記，表現在外部，它甚至就是人際交往的障礙。

㉒ 操之在我是自我情緒管理的技巧，它指的是要能夠控制自己的情緒不受制於人，不為環境因素所左右，它是情商的至高境界。

㉓ 高情商者說：有憂慮時不必去想它，在手掌心裡吐口唾沫，讓自己忙起來，你的血液就會開始循環，你的思想就

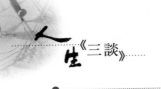

會開始變得敏銳。

㉔ 我們常常因為一些小事情，一些應該不屑一顧和很快忘記的小事情弄得非常心煩……我們活在這個世上只有短短的幾十年，而我們浪費了很多時間，去為一些一天之內就會被人忘記的小事發愁。不要這樣，不要顧及那些小事。

㉕ 特別不要讓還沒有發生的憂慮困住自己，因為，99％的憂慮其實不太會發生。

㉖ 最後我發現，我越想去討好別人，就會使我的敵人增加。所以最後我對自己說：只要你超群出眾，你就一定會受到批評，所以還是趁早習慣的好。這一點對我大有幫助。

㉗ 俄國作家契訶夫曾寫道：「要是火柴在你口袋裡燃燒起來了，那你應該高興，而且感謝上蒼，多虧你的口袋不是火藥庫。要是你的手指扎了一根刺，你也應該高興，還好，多虧這根刺不是扎在眼睛裡。依此類推……照我的勸告去做吧，你的生活就會歡樂無窮。」

㉘ 在逆境中，人的情緒會極端消沉，高情商者能很快走出失敗的陰影，自己拯救自己。

㉙ 與其一天到晚怨天怨地說自己多麼不幸福，不如由改變自己的情緒個性來改變命運。沒有人天生注定要不幸福的，除非你自己關起心門，拒絕幸福之神來訪。

㉚ 為避免陷入憤怒之中，唯一可能的是為它找到一條建設性的出路，而唯一的出路，只有運用情商才能實現。

㉛ 如果你生氣了，不妨出去做一些劇烈的運動，看一場電影娛樂一下，出去散散步；這些與痛揍「橡皮老闆」有異曲同工之妙。

㉜ 避免耗竭的最好辦法，是及早學會重定方向的祕訣，重定

方向意味著事業改變、居處改變或學習一種新的技巧。

㉝ 人生之路，尤其是通向成功的路上，幾乎沒有寬闊的大門，所有的門都是需要彎腰側身才可以進去。

㉞ 許多人因缺少自我控制，不冷靜沉著，情緒因為毫無節制而躁動不安，因不加控制而浮動，因焦慮和懷疑而飽受摧殘。只有冷靜的人，才能夠控制自己的情緒，才是一個高情商的人。

㉟ 退後一步，先向對方認錯，緩解了交往中的緊張氣氛，協調了雙方的情感，因而有了成功的溝通。在此，情商的作用不言而喻。

㊱ 他立下一條規矩，絕不正面反對別人的意見，也不准自己太武斷。他甚至不准許他自己在文字或語言上，使用太肯定的措辭。

㊲ 善用錶的人不會把發條上得太緊，善駕車的人永不把車開得過快，善操琴的人永不會把琴弦繃得過緊，情商高的人總在為自己的心靈鬆綁。

㊳ 給心靈鬆綁，不要像那些海鳥，等到自己筋疲力盡的時候，只能將自己的生命一頭栽進大海。

㊴ 如果你心頭一片黑暗，那麼，什麼樣的蠟燭也無法將其照亮啊！即使我不把蠟燭吹滅，說不定哪陣風也會將其吹滅啊。只有點亮了心燈一盞，天地自然一片光明。

㊵ 當你感到激勵自己的力量推動你去翱翔時，你是不應該爬行的。

㊶ 思想是個雕刻家，它可以把你塑造成你要做的人。

㊷ 如果你對自己說的是「我要記得帶那本書」，腦海裡就會浮現你記得帶書的畫面，你記住的機率就大得多。

㊸ 從空中樓閣出發，就是抱著極大的夢想出發。心中沒有空中樓閣般的想像，就無法朝目標邁出前進的步伐，也就不能期待成功了。

㊹ 自信表現為一種自我肯定、自我鼓勵、自我強化、堅信自己能成功的情緒素養。沒有自信心，就沒有生活的熱情和趣味，也就沒有探索、拚搏、奮鬥的勇氣和力量。

㊺ 本來，最優秀的人就是你自己，只是你不敢相信自己，才把自己給忽略、給耽誤、給丟失了……其實，每個人都是最優秀的，差別就在於如何認識自己，如何發掘和重用自己……。

㊻ 主宰自己不是口號式的宣言，而是情商正向引領的結果，是在奮進過程中的心理能動力量，是積極的心理自我暗示產生出來的結果。

㊼ 自我認定的轉換很可能是人生中最有趣、最神奇和最自在的經驗，當你換了一種自我認定，撕掉貼在身上的舊標籤，你很可能就此超越了過去。

㊽ 駕馭自己的負面情緒，努力發掘、利用每一種情緒的積極因素，是一個高情商者所需的基本素質，也是一個成功的基本條件。

㊾ 悲觀者面對半杯水說：「我就剩下半杯水了。」樂觀者說：「我還有半杯水呢！」因此，對高情商的樂觀者來說，外在世界總是充滿光明和希望。

三. 細節篇

❶ 饑餓意識是一種積極進取的態度，不滿足是獲取饑餓意識的第一步。

❷ 一個人成功與否不在於有多少優點或者缺點，只要能夠確認位置，必然會有一個可發展的平台。

❸ 常人的思考方式就像一張網，如果你始終走不出它，你就會被它圍住，找不出化解問題的方法。

❹ 不要在乎別人對你的評價，否則，反而會成為你的包袱，我從不害怕自己得不到別人的喝采，因為我會記得隨時為自己鼓掌。

❺ 貧窮能激發人們潛伏的力量。沒有如針氈般的貧窮刺激，這般力量也許永遠不會爆發出來。

❻ 很多人之所以會有受挫的感覺，就是因為他們的心靈裝得太滿了。

❼ 一個不受過去困擾的人，就像畫家手中的一張乾淨的紙，更能畫出美妙的圖畫來。

❽ 上帝造人時，為什麼只給了我們一張嘴，卻給了我們兩隻耳朵？那是為了讓我們少說多聽。

❾ 據調查，大約有75%的疾病與壓力過大有關。當你處在壓力之中，免疫系統就會受到抑制，因而就會增加疾病對你身體的侵害。

❿ 如果你因別人的一點過錯就心生怨恨，一直耿耿於懷，甚至想打擊報復，整日沉湎於這樣的瑣事上，那麼你還有精力發展自己的事業嗎？

⓫ 印度的甘地說得好，倘若我們每個人都把「以眼還眼」作為生活準則，那麼全世界的人恐怕都要變成瞎子。

⓬ 告訴你一個保證失敗的規律：每當你遭受挫折時便放棄努力。再告訴你一個保證成功的訣竅：每當你失敗時，再去嘗試，成功也許就在你的一點點努力之後。

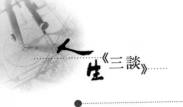

⑬ 大多數人僅僅遭遇了一次失敗，就開始懷疑自己，甚至完全否定自己的能力和價值了。

⑭ 要知道，在這個世界上還有比薪資、麵包更為可貴的事情，那就是盡自己的能力，正直而純粹地做事情。

⑮ 每個人都要懂得，人生的成功不在於你拿了什麼好牌，而在於你怎樣打牌。

⑯ 信用就是你在人生銀行的存款，你必須先存入資金，才有資格和條件使用它。如果你想索取，不想存入，是絕不可能的。

⑰ 請記住蕭伯納的名言：「人生有兩齣悲劇，一是萬念俱灰；二是躊躇滿志。」這兩種悲劇，都會導致勤奮努力的終止。

⑱ 我們都擁有足夠的時間，只是要好好地善加利用。

⑲ 一個有學問的人曾說，偉人有兩個特質，那就是能力和準時，前者又往往是後者所結的果實。

⑳ 生活好像一盤棋賽，坐在你對面的就是「時間」。而時間能抓起來就像金子，抓不住就像流水。

㉑ 一位哲人說過，你手上有一個蘋果，我手上也有一個蘋果，兩個蘋果交換後每個人還是一個蘋果；如果你有一種能力，我也有一種能力，兩種能力交換後就不再是一種能力了。

㉒ 不斷提升自我，增加個人魅力。素質高而有魅力的人容易得到別人的接納，這也是人之常情。

㉓ 只有在遭遇「晴天霹靂」的情況下，我們才會被迫做出改變。

㉔ 研究表示，第一印象的產生只需四秒，四秒鐘後我們很難

再改變，如果我們能在4秒鐘之內贏取別人的信任，那麼，不論事業發展、第一次面試，還是商業交易，都會得到很大的成效。

四. 人性篇

❶ 人最寶貴的是生命，因為生命是有限的。所以，與其浪費時間在一些無聊的事情上面，不如什麼都不做。

❷ 拒絕是一門藝術，除了會回答「是」之外，你還必須學會說「不」，特別是在面對主管的時候，懂得如何拒絕更是非常重要。

❸ 耳朵是一扇大門，真理和謊言都從這裡經過，只不過，謊言正大光明地出入前門，而真理往往從後門溜進來。

❹ 一顆鮮美的橘子如果榨乾了所有的汁液，留下的只有乾癟的苦澀。

❺ 聰明非常重要，但是也絕對不能忘記謹慎，因為一盎司的謹慎等於一磅的聰明才智。

❻ 人活在世界上，無法離開別人，和你在一起的人不是朋友就是敵人，那麼就認識一些朋友吧！

❼ 在某些重要的場合，如果你在很多人面前口若懸河，那麼別人一定會認為你很自負，這時，任何自負的表現都會被當作愚蠢。

❽ 如果你想要獲得人們的尊敬，你就要表現出你的才能和尊嚴；如果你想要獲得成功，一定要學會關心他人的感受。

❾ 睿智的人不會總記住他人的毛病，也會努力避免自己的錯誤烙刻在那些心胸狹窄的人心中。

❿ 如果大家都瘋狂的時候，你不要獨自一個人堅持清醒，如

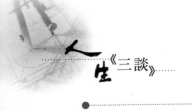

果不這樣，健全的你會被認為是瘋子。

⑪ 當浩瀚的大海變得不平靜的時候，一定有暴風雨中的驚濤駭浪，這時最明智的做法就是進入避風港，等待風平浪靜後再重新出海。

⑫ 一切好的事情都依賴時機，就像穀物需要四季輪換才能成熟一樣。甚至一個人的美麗也不能長存，每個人都有自己的花季。

⑬ 如果你已經受到了傷害，那麼把你的傷口隱藏起來，否則它會受到更多的傷害。邪惡的力量會集中精力攻擊你最虛弱的部分。

⑭ 了解人心和學習自然知識截然不同，人情是一種獨特的藝術，你要研究人們的性格，辨別不同人的氣質，不僅需要學習，更需要多多經歷、體驗，

⑮ 庸俗的人們都是如此，他們不會注意你千百次的成功，而是緊盯著你犯的一個小錯誤。

⑯ 你應該結交一些重要的朋友，以免到了關鍵的時刻，沒有人出手援助。

⑰ 要把輕鬆的事情當作難辦的事情來做；反之，要把難做的事情當作輕鬆的事情來做，如此你才可以始終保持你的自信和勇氣。

⑱ 儘管很多人會因為他們愚蠢的舉動和想法送命，但是卻從來沒有一個愚蠢的人死去過，因為愚蠢的人根本就沒有真正活過。

⑲ 人生如同戲劇，一幕又一幕，最應該關心的是能否獲得一個圓滿的結局。

⑳ 對待朋友不要刻意過分親密，保持一定的節制和距離最

好。有時最好的朋友也有可能變成最壞的敵人。

㉑ 自然之神在分配財產的時候，最醜的女兒也會有豐厚的一份，所以你不要被自己的眼睛蒙蔽。

㉒ 一匹屬於瞎眼睛的主人的馬是不幸的，牠永遠也不會變得光潔漂亮。

㉓ 我們應該向大自然學習，在花朵還沒有發育成熟之前，要緊緊包裹著花蕾。

㉔ 千萬不要和人分享祕密，特別是不要探聽比你地位高的人的祕密。你以為你們是在共同分享一顆梨子，其實你得到的不過是果皮而已。

㉕ 你在表現自己的幽默的時候，一定要注意別人有多大的承受能力。

㉖ 有些人認為，學習知識也要適可而止，但是沒有學問，就如同沒有活過。

㉗ 你想讓一個人完全滿意是非常困難的事，人的欲望沒有盡頭，特別是在他能夠得到滿足的時候，就更是得隴望蜀。

㉘ 禍不單行，千萬不可招惹禍患。而好事卻應該為之，不管它是否微不足道。

㉙ 如果你總是施恩，而你的人情讓人家無法回報，他們就會不再和你來往。

㉚ 當你的朋友變為你的敵人的時候，會給你最慘烈的打擊，因為他熟知你所有的缺點，而在和你作對的時候，他的劣根性也會發揮到極致。

㉛ 有些祕密連最好的朋友都不能吐露，甚至兒子也不能把自己所有的一切告訴父親。

㉜ 在公開表達自己的思想和意見的時候，應特別注意技巧，

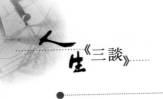

因為一言不慎就會給你帶來截然不同的後果。

㉝ 流行的事物會獲得無知眾人的欣賞，即使它不是正確的，也會被大家認為正確。所以，向公認的真理挑戰真是自討苦吃。

㉞ 慷慨地給人贈與，絕對不同於自私自利的貪婪的奢求。你的殷勤有時可以維持你和他人的良好關係。

㉟ 如果一個女子的美麗能夠讓人駐足，那麼就可能招引禍患；名聲不佳的孤芳自賞也是如此，甚至會更加糟糕。

㊱ 在舞台下的人一旦上場，就好像人們發現自己心目中的獅子原來是一隻普通的老鼠。

㊲ 「天下沒有白吃的午餐」。對方的聰明往往在於給人以「白吃午餐」的感覺，其實你是在以自己最後的財產做借貸。

五. 狼的精神

❶ 人們從失敗的教訓中學到的東西，比從成功的經驗中學到的還要多。

❷ 中國春秋戰國的韓非子曾說過：「不會被一座山壓倒，卻可能被一塊石頭絆倒。」

❸ 挫折就像一塊石頭，對於弱者來說是絆腳石，對於強者來說是墊腳石。

❹ 我們需要堅韌，但是堅韌與堅硬不同，堅韌如同荒野中覓食的狼、春風中的野草，堅硬則像花崗岩。

❺ 當大多數人始終在財富的大門外徘徊而無法進入的時候，弄丟了開啟大門鑰匙的人其實就是他自己。

❻ 狼寧可選擇長期等待而換取的勝利，也不願以生命換取短

期的近利。

⑦ 當你施展自己的才華時，就埋下了危機的種子，所以才華顯露要適可而止。

⑧ 學習狼的生存法則就必須自覺行事，自動自發，不然你就得挨餓。

⑨ 並不是因為事情難，我們不敢做，而是因為我們不敢做，事情才難的。

⑩ 人生的機遇不是等到的，而是靠自己「抓」到的。

⑪ 只有想不到的，沒有做不到的。

⑫ 去做每一件事不見得一定都成功，但不去做每一件事則一定沒有機會得到成功！

⑬ 躺著思想，不如站起來行動！

⑭ 無論你走了多久，走了多累，都千萬不要在成功的門口躺下來休息。

⑮ 夢想不是幻想。

⑯ 有志者事竟成，破釜沉舟，百二秦川終屬楚；苦心人天不負，臥薪嘗膽，三千越甲可吞吳。

⑰ 謀先事則昌，事先謀則亡。

⑱ 有事常如無事時鎮定。

⑲ 世界上失敗最多次數的當數諾貝爾了，但是他卻成為世界上最偉大的發明家。

⑳ 將相頭上堪走馬，公侯肚內可撐船！

㉑ 千里家書只為牆，再讓三尺又何妨？萬里長城今猶在，不見當年秦始皇。

㉒ 執著追求者並非全是勇敢者，但勇敢者必是執著追求者。

㉓ 有信仰就年輕，疑惑就年老；有自信就年輕，畏懼就年

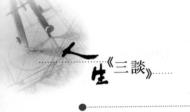

老；有希望就年輕，絕望就年老。歲月使你皮膚皺，但是失去了熱忱，就斲傷了靈魂。

24 生命中最巨大的獎勵並不是來自財富的累積，而是由熱忱帶來的精神上的滿足。

25 事後控制不如事中控制，事中控制不如事前控制，可惜大多數的事業經營者均未能體認到這一點，等到錯誤的決策造成了重大的損失才尋求彌補，有時是亡羊補牢，為時已晚。

26 我們來引用管理大師彼得・德魯克的一句話：效率是「以正確的方式做事」，而效能則是「做正確的事」。

27 學會把目標分解開來，化整為零，變成一個個容易實現的小目標，然後將其各個擊破。是一個實現終極目標的有效方法。

28 規定一個固定的日期，一定要在這個日期之前把你設定的錢賺到手……沒有時間表，你的船永遠不會「泊岸」。

29 世界上的每一個人都需要適當地享受孤獨，太嘈雜的生活會讓人疲憊不堪，太繁瑣的事情會使人精神恍惚。

30 擁有孤獨是一種感受，善待孤獨是一種境界。讓我們在孤獨中思考得失，咀嚼成敗，展望未來！

31 人生真正的樂趣，存在於為事業、為正義堅持不懈的奮鬥過程中。人生最大的遺憾是什麼？是失敗嗎？不是。人生最大的遺憾是終其一生而沒有不屈不撓地奮鬥過。

32 我一直等到錢落到離我不遠的角落裡，然後我所要做的事就是，去撿回來。

33 在成功的道路上，你沒有耐心去等待成功的到來，那麼，你只好用一生的耐心去面對失敗。

㉞ 耶穌在星期五被釘在十字架上時，是世界最糟糕的一天，但三天後就是復活節。所以，當我遇到不幸時，就會等待三天，一切就恢復正常了。

㉟ 意志力是一個人性格特徵中的核心力量。

㊱ 擁有最睿智的頭腦不如擁有果敢的判斷力。

㊲ 領導者的氣勢有多大，就看他紀律有多深。

㊳ 當今企業對現有市場的爭奪已經達到了白熱化程度，但卻很少有企業去重視潛在市場的培育和拓展，以及怎樣不動聲色去奪取現有市場。

㊴ 我們的目標應該是相當適度的，我們只是在別人貪婪的時候恐懼，而在別人恐懼的時候貪婪。

㊵ 「換一個思維想問題」，也許就能在經濟投資中柳暗花明，另闢蹊徑。這就是經濟學上所謂的「搭便車」現象，即自己不費成本，便可分享他人的創業利潤。

㊶ 合作可以產生一加一大於二的倍增效果。據統計，諾貝爾獲獎專案中，因合作獲獎的佔三分之二以上。在諾貝爾獎設立的前25年，合作獎佔41%，而現在則躍居80%。

㊷ 學習狼的團隊精神就要培育狼性團隊的榮譽感。

㊸ 成績可以創造榮譽，榮譽可以讓你獲得更大的成績。

㊹ 企業內沒有溝通，就沒有成功，也就沒有企業的發展，所有的人也就會沒有在這個企業中工作的機會。

㊺ 員工中80%的抱怨是由小事引起的。

㊻ 另外20%的抱怨往往是因為公司的管理出了問題。

㊼ 日本現在出現問題的原因主要是過度的管理，影響了速度和效率。

㊽ 為什麼美國經濟能夠持續成長，最重要的因素也就是注重

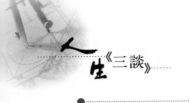
企業的創新精神和保持活力，充分發揮每一個員工的潛能。

㊾ 成功的法則其實很簡單，而成功者之所以稀有，是因大多數人認為這些法則太簡單了，沒有堅持，不屑於去做。

㊿ 冷靜創造商機，讓我們更加專注。

㉓ 欲多則心散，心散則志衰，志衰則思不達。

㉔ 頑強的毅力可以征服世界上任何一座高峰

六. 智慧定律

❶ 完善是終結，終結是滅亡。

❷ 幾乎所有爭論性的事件交由所謂代表民意的代表來決定時，產生決定性作用的是「騎牆派」人物的選票。

❸ 植物學家的任務不是祛除雜草，他只要能夠告訴我們，野草生長得有多麼快，就萬事大吉。

❹ 自從階級社會產生以來，人的惡劣的情欲、貪欲和權力欲就成為歷史發展的槓桿。

❺ 最需要注意的是，不要將「用人權」放在一個被招聘者的直接上司手裡。

❻ 一個人一分鐘可以挖一個洞，六十個人一秒鐘挖不了一個洞。

❼ 社會學家認為責任不清是華盛頓定律產生的最主要原因。

❽ 要知道自己能力的極限，玩不起，只能躲得起了。

❾ 正如癌細胞不怕好肉，好肉懼怕癌細胞一樣，小人效應對人們的精神構成了極大的毒害。說真話最困難，說假話很容易。

❿ 一只木桶盛水的多少，並不取決於桶壁上最高的那塊木

塊，而恰恰取決於桶壁上最短的那塊木板。人們把這一規律總結為「木桶定律」或「木桶理論」。

⑪ 一根鍊條跟它最薄弱的環節有著相同的強度，鍊條越長，就越薄弱。

⑫ 木桶定律還提示我們，要想戰勝對手，首先必須要抓住對手的弱點。人們常說的打蛇打七寸，用的正是這個道理。

⑬ 一個企業要想成為一個結實耐用的木桶，有一個方面是絕不容忽視的，那就是加強對每一個員工的教育和培訓。

⑭ 用最通俗的方法來解釋，規模經濟無非就是人的集合、資源的集合、資金的集合，然後產生最大規模的經濟效益。對於這幾個集合來說，有效地組織才是一個最核心的問題。

⑮ 首先應明確團隊的概念：團隊是由具有互補技能組成的、為達成共同目標、願意在認同的規範下工作的團體。

⑯ 精力、金錢和時間，應該用於使一個優秀的人變成一個卓越的明星，而不是用於使無能的做事者變成普通的做事者。

⑰ 人類不像毛毛蟲，卻比較像木偶。木偶的外形酷似人類，其行動則完全受外力控制。

⑱ 如果20%的人口擁有80%的財富，那麼就可以預測，10%的人將擁有約65%的財富，而50%的財富，是由5%的人所擁有。

⑲ 經營者要善於發現那些能帶來高額利潤的20%核心商品，把精力集中在這些商品上。

⑳ 問題的關鍵在於20%的瑕疵導致了80%的品質問題。

㉑ 如果彌補了具有決定性的20%的品質管理缺失，你就可以

得到80%的收益。

㉒ 如果不了解公司在什麼地方賺錢，在什麼地方虧損，腦袋裡是一筆糊塗帳，也就無從談起80／20法則的運用，而那些瑣碎、無用的事情將繼續佔據你的時間和精力。

㉓ 人力資本不像管理成本和行銷成本，是看不見、摸不著的，這就需要管理者有「伯樂」般的眼睛，找出那些真正能為公司出謀獻策的人。

㉔ 在你小的時候，你種下一棵樹的種子，它就會跟你一樣逐漸成長。其實，在理財方面也是如此。

㉕ 時間革命是一種能讓人們在最短時間內獲得最高的生活效率與最好的生活品質的方法。

㉖ 只要你努力去發現能夠給你帶來最大快樂和成就的20%時間，你就一定能夠獲得一個快樂而成功的人生。

㉗ 看一個人的人際關係，就知道他是怎樣的人，以及將會有何作為。大多數人的成功，都源於良好的人際關係。

㉘ 找出給你最大幫助的人，將時間放在重要的人際關係上，並且珍惜你關鍵的盟友，這是80／20法則給你的珍貴建議。

㉙ 如果壞事情有可能發生，不管這種可能性多麼小，它總會發生，並引起最大可能的損失。

㉚ 上帝高深莫測，但他並無惡意。

㉛ 我們主要是從嘗試和失敗中學習，而不是從正確中學習。

㉜ 可以犯錯，但是要快點犯完錯誤。

㉝ 成功之路就是使失敗率加倍。

㉞ 當我們不再反抗那些不可避免的事實之後，我們就能節省下精力，去創造一個更加豐富的生活。

㉟ 人生並沒有絕對的「禍」，也沒有絕對的「福」。開始認為不幸的事情，實際上可能變成幸運事情的前兆。禍福都是人生中常有的事，因此不要害怕降臨在自己身上的麻煩和意外。

㊱ 沒有哪一個企業能夠完全避免危機的發生，因為不斷變化的外部力量才是危機產生的主要原因。

㊲ 我是不是願意把時間、精力、資源都花在一件夢想的事情上，甚至願意為它放棄生命呢？

㊳ 如果每個人都能「選擇你所愛的，愛你所選擇的」，那麼無論成敗都可以心安理得。

㊴ 諸如懶散的習慣、看連續劇的習慣、喝酒的習慣以及其他各種各樣的習慣，有時要束縛、控制我們大量的時間，而這些無聊的習慣佔用的時間越多，留給我們自己可利用的時間就越少。「所謂煩惱易斷，習氣難改」，習慣就像寄生在我們身上的病毒，慢慢吞噬著我們的精力與生命。

㊵ 人類行為的百分之九十五是透過習慣做出的。

㊶ 首先，我們培養習慣；後來，習慣塑造我們。

㊷ 播種行為，收穫習慣；播種習慣，收穫性格；播種性格，收穫命運。

㊸ 一種好習慣可以成就人的一生，一種壞習慣可以葬送人的一生。

㊹ 成功者與失敗者之間唯一的差別在於他們擁有不一樣的習慣。

㊺ 為什麼很多成功人士敢揚言即使現在一敗塗地也能很快地東山再起？也許就是因為習慣的力量；他們養成的某種習慣鍛造了他們的性格，而性格鑄就了他們的成功。

46 很多好的觀念、原則，我們「知道」是一回事，但知道了是否能「做到」是另一回事。這中間必須架起一座橋，這橋便是習慣。

47 許多人犧牲了自己的本質，去做那些自己不願意做的事情，這就是他們不能成功的真正原因。

48 每個人都有自己的特長和天賦，從事與自己特長相關的工作，就能很輕易地取得成功，否則，多少會埋沒自己。

七. 命運篇

1 一位EQ很高的智者也是這樣工作的。你可以了解任何人的內心組合……可以像鎖匠那樣考慮、思索，從而探索出別人的內心結構。

2 人的內心情感如同浮在水面上的冰山，只佔總體積的10%，人情緒的90%是肉眼看不到的。

3 從此，也有人喜歡說「這些只是我個人的想法而已」，或者說「真是一言難盡」。其實，喜歡說此類話的人，跟上述的人懷有同樣的意思，許多情緒不穩定的神經質的人，就很喜歡套用這一類的限定句子。

4 人際關係成功的人，一般都是善於揣摩他人心理的人。

5 人的心理常常被比喻為演戲的舞台，倘若把照明燈照到的地方當成人的意識焦點，那些焦點的背後，就是光線照射不到的「黑暗地帶」，就是人類的深層心理區域。

6 文字並不是人類最基本的表達和溝通方式，來自身體的語言才是人類最常用，也是最基本的表達和溝通方式。

7 摸自己身體這種「自我接觸」，在心理學上可以解釋為「自我安慰」。為了彌補自身的弱點或掩飾某種情緒，人

們往往會無意識地做出種種自我接觸的動作。

⑧ 心理學家還發現，當一個人用手摸頸後時，往往是出現了惱恨或懊悔等負面情緒，他們把這個姿勢稱為「防衛式的攻擊姿態」。

⑨ 如果你不能即興幽默，不如大量地看漫畫和笑話，從中體會幽默的感覺，久而久之，便可自己製造幽默，至少可運用看來的笑話了。

⑩ 所以，西方哲人說：「幽默是用來逗人的，而不是用來刺傷人心的。」

⑪ 心理學家指出，寬容不是軟弱的象徵，適度的寬容，對於改善人際關係和身心健康都是有益的。

⑫ 原諒是一種風格，寬容是一種風度，寬恕是一種風範。

⑬ 其實道理就這麼簡單：給予了別人，自己同樣有所獲得。只想「借光」，而不點燈，那麼，你的人生將永遠在黑暗中穿行。

⑭ 美國著名的心理學家、哲學家威廉‧詹姆士說過：「動作與感情是並行的，動作可以由意志直接控制，可是感情卻不行，必須先調整動作，才能夠間接地調整感情。我們是因為跑而害怕，笑而愉快的……」。

⑮ 別擔心攻擊你的那些敵人，要擔心恭維你的那些朋友。

⑯ 教我如何不去奉承也不接受廉價的讚美。

⑰ 洛克斐勒曾說過：「要想充分發揮員工的才能，方法是讚美和鼓勵。一個成功的領導者，應當學會如何真誠地去贊許人，誘導他們去工作。我總是深惡挑人的錯誤，而從不吝惜說他人的好處。事實也證明，企業的任何一項成就，都是在被嘉獎的氣氛下取得的。」

⑱ 有一句著名的古話是：「讓他人做你想要他做的事，最好的辦法是讓他認為這件事是他自己想做的。」讚美讓你做到這一點。

⑲ 如果你要改變一個人而又不想太冒犯或引起反感，那麼鼓勵將是一劑最佳良方。它使你要對方做的事很容易做到。

⑳ 混沌理論說：在微妙生存的環境當中，任何微小的變化，只要它不斷地進行下去，就能造成巨大的改變。

㉑ 美國最大的橡膠公司董事長比洛說，一個人除非對自己的事業很感興趣，否則將很難成功。

㉒ 一位政治家所要學習的第一課是：「記住選民的名字就是政治才能，記不住就是心不在焉。」

㉓ 一個人的名字，對他來說，是任何語言中最甜蜜、最重要的聲音。

㉔ 魚因水而存活，水因魚而顯得有靈氣。當自己是「水」時，不要認為「魚」離不開你，因有此「水」居住而自傲；當你是「魚」時，不要覺得「水」需要自己才能顯出靈氣。

㉕ 夫妻雙方都是婚姻這艘船上的舵手，單靠某一方是開不好這艘船的。而兩個舵手間的配合顯得十分重要，互相拆台的舵手，船隨時會有傾覆的危險。

㉖ 許多最終離婚的夫妻都是被怒火沖昏了頭，一味在爭論的問題上糾纏不清，根本不考慮對方話語中的和解意圖，不將抱怨理解為一種謀求改變的呼喚。

八. 啟示篇

① 凡是阻礙人們的東西，人們總會稱之為命運。

② 以誠實著稱的威廉‧莎士比亞告訴我們，避免把朋友、家人和事當作我們獲取財富和光榮的墊腳石，只要努力工作，尊重你身邊的人，成功就會到來。

③ 態度決定一切，命運就掌握在自己手裡。

④ 莎士比亞提醒我們，千萬不要自作聰明，變成「一條最容易上鉤的游魚」，「用自己所有的本領」，來「證明自己的愚笨」。

⑤ 這裡展現了莎士比亞對死亡的看法，人不能過於在意死亡，在必要的時候，應該隨時準備迎接死亡的到來。

⑥ 凱撒說過：「懦夫在死之前已經死過很多次，勇士卻只死一次」。

⑦ 法國作家巴爾札克說：「嫉妒者受的痛比任何人遭受的痛苦更大，他自己的不幸和別人的幸福都使他痛苦萬分。」

⑧ 人的本性中，有一種傾向：我們把事物想像成什麼樣子，就真的會成為什麼樣子。

⑨ 假如你要改變自己，首先從改變心態開始。只要改變了心態，就改變了「世界」，你就會在人生道路上暢通無阻。

⑩ 莎士比亞提醒我們，不要「替純潔的百合花塗抹粉彩」，也不要「替純潔的百合花鍍金」。

⑪ 螢火蟲不斷地飛才發光，而人就是不斷行動，才展現出生命力及活力。

⑫ 有人說，成功的人在早餐前所做的事情比大多數人一整天做的還要多，這種說法的確有一定的道理。

⑬ 最好的方法是，你把雞蛋放在多個優質的籃子中，這樣可能會使有限的資金產生的收益最大化。

⑭ 莎士比亞認為，只有在我們展現出自己的風采，用自己的天賦「光照世界」的時候，天賦才會成為天賦。

⑮ 大多數女性喜歡聽到男人大聲地說出自己的愛意的，那就說吧！你的戀人很漂亮，那就告訴她吧，她會很樂於聽到這句話的。

⑯ 莎翁要我們面對來生的不確定性，好好地過每一天，把它當成我們生命中的最後一天，「好好愛它吧！因為你將與它永別。」

⑰ 忘記感謝是人的天性，如果我們一直期望別人感恩，多半是自尋煩惱。要追求真正的快樂，就必須拋棄別人會不會感激的念頭，只享受施與的快樂。

⑱ 法國一位哲學家說：「如果你想樹立一個敵人，那很好辦，你拚命地超越他，排擠他就行了。但是，如果你想贏得朋友，必須得做出點小小的犧牲，那就讓朋友超越你，在你的前面。」

⑲ 莎士比亞說過：「寬容就像天上的細雨滋潤著大地。它賜福於寬容的人，也賜福於被寬容的人。」

⑳ 莎士比亞提醒我們，「太平景象最能帶來一種危險，就是使人高枕無憂」，我們要保持「適當的疑慮」，那是「防患於未然的良方」。

㉑ 感謝敵人和對手吧！因為，正是他們，才使你變得偉大和傑出。

㉒ 莎士比亞讓我們記住，不管財產有多珍貴，都不如家庭的和諧珍貴。

㉓ 對莎士比亞來說，音樂和藝術是人類精神最純潔和最高貴的表現，時常用音樂來放鬆自己和提升自己，不失為一種好的生活方式。

㉔ 他建議我們拋開一天的煩惱，在睡眠中治療我們心靈的創傷，並使我們的體力得以恢復。

㉕ 愛是經常關心另一個人；情欲則只關心自己。別把愛情視為是理所當然的，去歡笑吧！

㉖ 參與、諒解與耐心是防止孩子出現悲劇性結局的良方。

㉗ 莎士比亞完全贊成用旅行來充實自己，但他對於崇洋媚外的人無法苟同。

九. 話說篇

❶ 說話要分場合、要有分寸，最關鍵的是要得體。不卑不亢的說話態度，優雅的肢體語言，活潑俏皮的幽默，這些都屬於語言的藝術。

❷ 不言而喻，商戰中財物實力的保密是關係企業生存、發展的因素之一。

❸ 員工和老闆在打交道時，不談論老闆及配偶的身體相貌，往往是明智之舉。

❹ 靜能常思自己過，閒談莫論他人非。

❺ 要「小性子」可以說是女孩子的天性，戀愛中的女孩子更是如此。

❻ 要創造家庭和美、夫妻和睦，當著家裡其他人和在外面人面前，丈夫與妻子都要多講對方的長處、優點，對於對方的地位、價值充分肯定，這樣的婚姻是不會失敗的。

❼ 婆媳關係能夠處好的家庭很少。但不管女人和婆婆的關係

如何，盡量不要在丈夫面前攻擊婆婆。一般一個男人聽了女人攻擊自己母親的話，就會感到壓力，這種壓力會大量削減對妳的愛，而且妳根本看不出來。

⑧ 有時候女人要學學柴契爾夫人，在外是個鐵娘子，回家要當個好妻子。

⑨ 配偶是自己的另一半不假，但不是自己的私有財產，不要管得太嚴，要求太苛刻，更不可捕風捉影，胡亂猜忌。

⑩ 挑剔不是對方的高要求、高標準，而是一種嫌惡和蔑視。想要丟掉挑剔，關鍵要學會欣賞對方，善於接納對方的不足和缺點，多看對方的長處和優點。

⑪ 有句話說：只有尊重別人，才能得到尊重。你必須尊重對方，多看對方的長處，多肯定對方，誇讚對方的優點，這才會贏得對方的尊重和愛戴。

⑫ 佛家講：「十年修得同船渡，百年修得共枕眠」，茫茫眾生之中，兩個人能在一起實在是不容易，這份情，這份愛要好好珍惜，備加呵護。

⑬ 家庭關係顧問麥克爾．波普金說：「一般人都認為白紙黑字更加可信，而且可以一看再看。」「把話定下來，話的份量也會增加。」

⑭ 其實孩子不需要賄賂，不需要用交換的方式使自己變成一個好孩子。從本性上講他們自己是要做好孩子的，孩子的好行為產生於他們自己的意願。

⑮ 不要輕易的把你對薪水的要求講出來。

⑯ 自我介紹時，態度要平和，要清晰地報出自己的姓名，並用微笑來表達自己的友好。同時還要掌握好分寸，不要有意抬高或貶低自己，這會讓人產生反感，而不願與你往

來。

⑰ 其實，掌握了自我介紹的藝術，你就打開了與人交往的大門，完美的精采、獨具特色的自我介紹。能在他人的腦海中留下深刻強烈的烙印。

⑱ 一個話題不要談得太久，話題像房間一樣，需要經常通風。

⑲ 愛講負面話的人，有時是過於理想化，用自己理想化的模式，去套生活中的現實，結果常常事與願違。

⑳ 試驗證明，說話時應當每隔三十秒鐘停頓一次。一是加深印象，二是給對方機會提出的問題做出回答或加以評論。

㉑ 不要問你們的國家能為你們做些什麼，而要問你們能為自己的國家做些什麼；不要問美國能為你們做些什麼，而是要問我們能為人類的自由做些什麼。

十. 快樂篇

① 在我內心深處，一直隱藏著眼盲的恐懼。為了克服這種念頭，我選擇了歡樂，近乎嬉鬧的生活態度。

② 喜歡竟然是成功的階梯和內在動力。

③ 你可以把一匹馬領到河邊，卻不能讓牠喝水。

④ 有天賦的人很多，而成功與否關鍵看你對從事的事業的熱愛與勤奮。

⑤ 有句話叫作沒有皺紋的祖母最可怕，沒有遺憾的過去無法連結人生。

⑥ 不要這樣，你一定要享用它們，這種雪茄如人生一樣，都是不能保存的，你要盡量享受它們。沒有愛就不會享受人生，就沒有快樂。

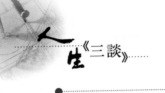

❼ 畢卡索說的好：「人生應有兩個目標：第一是得到所想要的東西，盡力去爭取；第二是享受它，享受擁有它的每一分鐘。而常人總是朝著第一目標邁進，而從來不爭取第二目標，因為他們根本不懂得享受。」

❽ 世界上什麼人最快樂？只有高度智慧不足者最快樂，因為他們單純地不明白什麼叫快樂，但是在座的各位沒有這種單純快樂的能力，所以唯一的方法，就是讓自己聰明一點，懂得找尋人生的快樂！

❾ 一句西方諺語說得非常正確：並非偉人在做事，而是做事讓人變得偉大。

❿ 如果總是盯著事物的負面，等於將陽光關在心靈的窗外。

⓫ 美國未來學家尼葛洛龐帝說：「預見未來的最好辦法就是創造未來。」

⓬ 那些無法致人於死的事，只會讓人更堅強。

⓭ 常聽到的激勵話是：「要成功，一定要從改變自己開始！」

十一. 藉口篇

❶ 佛洛斯特寫過一首詩，大意是：在林間有兩條道路，無論你選擇哪一條，你都失去了另一條。

❷ 人的一生是短暫而變化莫測的，當科學不能解除人們極大的痛苦的時候，剝奪他們藉由信仰獲得的安慰就顯得有些殘忍。

❸ 奧卡姆的剃刀。這個方便的經驗法則告誡我們，當我們面對兩個可以將資料解釋得同樣好的假說時，選擇簡單的那一個。

④ 為什麼迷信？因為人生有很多不可理喻之事，因為我們無法面對生命的無目的性，因為貪婪。這使妄想很容易佔據我們的頭腦。

⑤ 愛因斯坦曾說過一句名言：「他不相信上帝在擲骰子。」他認為在無序運動背後，一定有某種規律。

⑥ 勒龐指出：人群不善於思考和推理，卻很善於想像，一個場景、一種感情很容易打動他們，並在不斷相互影響中逐漸強化，最終成為一種巨大的力量。

⑦ 感動很廉價，很容易被濫用，當感動成為作秀，被感動的人也就是被愚弄的人。

⑧ 一個人習慣性地覺得自己是不公平的受害者時，就會開始將自己想像為受害者的角色，隨時要尋找外在的藉口，即使在最無心的話或不確定的情況中，他也能很輕易地「看到」不公平的「證據」。

⑨ 憤憤不平是一種病。它侵蝕你的頭腦，毒害你的心靈，扭曲你的人格。它使你喪失了客觀冷靜地評判自己、認識世界的能力。

⑩ 我們為自己做某事提出的大多數理由，其實都不是理由，而是藉口。「別人沒盡到責任。」就是一句最常見的藉口。

⑪ 我們不能選擇父母，也不能選擇環境，但是我們可以選擇自己的道路。

⑫ 聽到有人把他的問題歸結於「厄運」。同樣，你也難得有哪一天聽不到人們把他人的成功歸結於「好運」。

⑬ 黑色幽默大師逢尼格曾寫過一個故事，發生在未來世界。那是一個完全公平的時代，不但每個家庭收入一致，就連

每個人的智力水準也一致……每個人的頭腦裡都裝了個小設備，如果你的思想超過了平均水準，它就要對你的腦電波進行干擾，免得你轉出什麼有害的思想。這種公平即使真能實現，也是夠可怕的。

⓮ 最初，「病人」還知道藉口只不過是一個類似於謊言的東西，但謊言重複多次也就成為真理。終於，藉口真的變成了你不能成功的原因。

⓯ 艾略特說過：「我們的行為決定了我們的人品，正如我們的人品決定了我們的行為。」

⓰ 賽凡提斯說：「假如你損失了一些錢，你並沒有損失；假如你損失了一些朋友，你失去的可大了；假如你失去了名譽，那一切都完了。」

⓱ 你今天所擁有的一切，正是由於變成今天的你這樣一個人而得到的必然結果。

⓲ 一個非常富有的人曾說過：「如果你把世界上所有的錢都聚集起來，平均分給每個人，過不了多久，它們又會回到原來主人的口袋裡去。」

⓳ 說有價值的東西，越不可能輕易得到。如果某件事可以不冒風險，要麼它沒有多大價值（因此人們都不感興趣），要麼它就是機會極小的「小機率事件」（如買彩券，花費很小，也沒有任何難度，但代價是近似於零的中獎機率）。

⓴ 如果你不能為自己冒險，你就不是你自己。你是你自己最大的問題。如果你不冒險，你就無法成長；如果你無法成長，就不能進步；如果你不能進步，你就不會快樂；如果你不會快樂，活著何益呢？

㉑ 有一點很重要的是，你千望別指望冒一次險就能解決所有的問題。這種不切實際的幻想於事無補，太容易遭遇挫折而步入自憐自艾的牢寵中，結果是更大的悲劇。

㉒ 不敢置身危險中的人絕無法獲得成功，這是自古以來的鐵則。既然成功與失敗的機率皆相同，失敗後還可以再來一次，你何不賭上一賭！

㉓ 只有動手去做，才會發現能力，發現機遇。

㉔ 複雜與民主交會之處，正是浪費與閒置聚集之地。

㉕ 一個只有四位員工的老闆，完全不需要會計分析就非常清楚，公司裡誰在替他賺錢，賺多少錢。但是一家大企業的總裁，靠的是足以誤導認知的會計數字，而且還經過人事部門的過濾，這就難怪在大公司裡，表現最好的人應該可以再多拿一些酬勞但公司沒給，而表現平庸的人反倒是拿太多了。

㉖ 企業人似乎喜歡複雜。一個單純的公司一旦成功，經理人就忙著讓公司變得很複雜，等公司變複雜了，它的獲利卻大大降低。

㉗ 人生有無數答案，我們很難確知哪個最標準。如果你想把答案弄得很複雜，那是你的權利，但不是唯一的解決之道，其實你也完全可以用簡單的方法對付它，那就是：不管周圍如何，你為自己制訂幾條機制原則，並照此行事。

㉘ 好多人失敗，不是因為他們傻，而是太聰明。

㉙ 愚蠢不是罪過，但是爬到了某個位子的人愚蠢起來就很危險，特別是當這個蠢人自作聰明起來就更加危險了。

㉚ 偉大的亞里斯多德就曾經犯了一個完全可以避免的錯誤，他認為女人的牙齒比男人少。其實只要數數他太太的牙齒

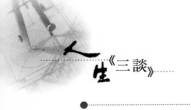

就可以弄清楚，但他沒這樣做，因為他以為自己知道。認為自己知道其實並不知道，是一個致命而普遍的錯誤。

㉛ 康德說過：「人人都有權利期望其同類尊重，反之，人人也都有義務尊重他們中間的每個人。人性本身是一種尊嚴。」

㉜ 我們的生命只是一個偶然的禮物，我們應該好好享受它，但不要以為它就注定了我們是什麼人，注定了什麼命運。

㉝ 航海中有一樣規律可循，操縱靈敏的船應該給不太靈敏的船讓道。我認為，這在人與人的關係中也適應遵循的一條規律。

㉞ 沒有人身上全是優點，也沒有人身上全是缺點。絕對完美的人是不存在的。

㉟ 希望我們都能效法馬丁‧路德的精神：「即使我知道明天世界會毀滅，我仍會種下我的蘋果樹。」

十二. 真理篇

① 什麼是明智？就是利用知識去思考，並得出符合現實情況的結論。明智不需要高深的知識，一些簡單的常識就可能使你成為智者。

② 要避免顯而易見的愚蠢見解，並不需要什麼非凡天才，其實只要幾條簡單的規則就可以了。

③ 軟弱者相信命運，堅強者相信因果。儘管「上帝之手」不時要撥弄我們，但我們還是應該竭盡所能，做自己命運的主宰。

④ 什麼是因果關係的限制？簡單地說，就是我們無法完全把握命運，無法完全把握世界。這似乎有點叫人遺憾，但這

其實並不是壞事。假如我們真的生活在一個一切都按部就班的世界裡，不但是很辛苦的，而且是很乏味的。

❺ 在傳統和現代社會中贈送禮物可能是交換過程的一部分，它的動機更多的是使受惠者承擔某種義務而不是改善受惠者的福利。

❻ 科學理論家是不應受到嫉妒的，因為大自然……從不對一種理論說「是」……很可能每一種理論某一天都將有被說「不」的遭遇……多數理論在被提出不久就會經歷這樣的遭遇。

❼ 我懷疑，宇宙不但比我們所想像的更為奇怪，而且，比我們可能想像的更為奇怪。

❽ 我們不是因一貫正確而獲得權威，而是因獲得了權威而一貫正確。

❾ 在無往不利地運用技術手段時，最好不要忘了愛因斯坦的忠告：「手段的完善和目的的混淆似乎是我們時代的特點。」

❿ 尼采曾說過：乞丐也知道用石頭砸門是不禮貌的，但沒有人因此稱讚他的禮貌。

⓫ 現在，讓我們來關注更重要的生命。其實，最為我們厭惡的，似乎也是最不合理的是這樣一個事實：我們都有一死。我們該不該尋找一種技術，使我們能永久地活下去？

⓬ 有這樣一句話：一個傻瓜提出的問題，十個聰明人也回答不了。

⓭ 高尚的企鵝也有不高尚的一面。企鵝以海裡的魚蝦為食，可是海裡的鯨、海豹之類又以企鵝為食，所以每次下海覓食，企鵝都要冒一點風險。於是企鵝們就聚集在海邊，都

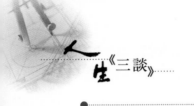

期望別人先下去，甚至還相互往海裡推。危難中的人也是如此，高尚往往只是展現在一個圈子或群體中，而在陌生者中，更多的是殘酷。

⑭ 維護良好社會秩序的核心角色是法律，而不是道德原則。離開了法律對人們行為的規範，道德原則什麼也不是。

⑮ 正確的心態也許是：謀事在人，成事在天。盡到自己的責任就可以了，不要太把虛幻的運氣當回事。你可以期望運氣，但不能依靠運氣。

⑯ 如果某種行為，只可能帶來孤立的、不可靠的收益，那麼它就不是一條可走的路。

⑰ 誰錯了？誰都沒錯，人生是沒有答案的，無論你是希望滿足欲望還是希望追求完善，都有充分的理由。問題是：平時都做什麼去了？

⑱ 假如你沒有意識到生活中某件事對另一件事的影響，採取行動也不考慮未來，一再地重蹈覆轍做未經熟慮的決定。很快地，你就得解決那個超乎自己能力所及的決定所帶來的問題。

⑲ 有一份研究報告稱：商家得罪一名顧客的代價不僅僅是失去了一個客戶，而至少是六至八個。同樣，在人際關係方面，你得罪的也不僅是一個人，而是一大批。

⑳ 學會為明天打算……如果你還打算活到明天的話。

心理勵志小百科好書推薦

全世界都在用的80個關鍵思維
NT：280

學會寬容
NT：280

用幽默化解沉默
NT：280

學會包容
NT：280

引爆潛能
NT：280

學會逆向思考
NT：280

全世界都在用的智慧定律
NT：300

人生三思
NT：270

國家圖書館出版品預行編目資料

人生三談 / 臧峰宇作 . -- 初版 . -- 新北市：華
志文化, 2012.08
　　面；　公分 . --（心理勵志小百科；10）

ISBN 978-986-5936-06-8（平裝）

1. 人生哲學　2. 修身

191.9　　　　　　　　　　　　　　　101012423

日K 華志文化事業有限公司

系列／心理勵志小百科 010

書名／人生三談

作　　者　臧峰宇

執行編輯　林雅婷

美術編輯　黃美惠

文字校對　陳麗鳳

企劃執行　康敏才

總編輯　黃志中

社　　長　楊凱翔

出版者　華志文化事業有限公司

電子信箱　huachihbook@yahoo.com.tw

地　　址　116台北市文山區興隆路四段九十六巷三弄六號四樓

電　　話　02-29105554

總經銷商　旭昇圖書有限公司

地　　址　235新北市中和區中山路二段三五二號二樓

電　　話　02-22451480

傳　　真　02-22451479

郵政劃撥　戶名：旭昇圖書有限公司（帳號：12935041）

電子信箱　s1686688@ms31.hinet.net

售　　價　二七○元

出版日期　西元二○一二年八月初版第一刷

版權所有　禁止翻印

Printed in Taiwan

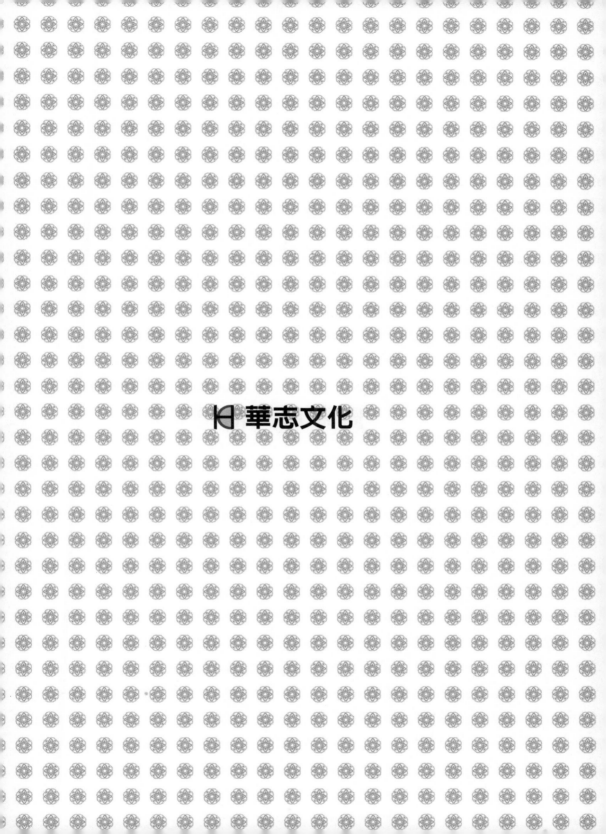
華志文化

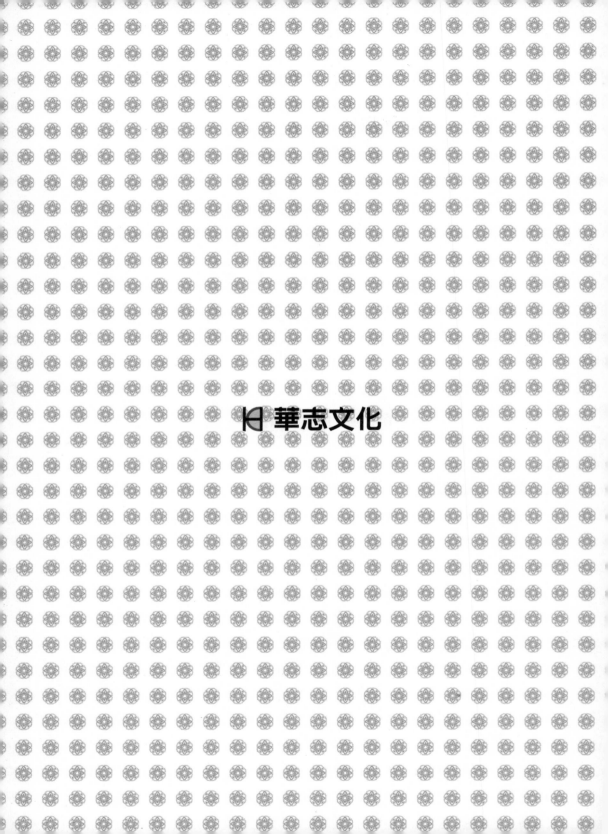

華志文化